Weltreise in die gute alte Zeit

Inbegriff der Reiseromantik: Kaffeeausschank in der Wüste, wie ihn sich der Zeichner um 1900 vorstellte.

Weltreise in die gute alte Zeit

100 Reiseziele des 19. Jahrhunderts
in Text und Bild, zusammengestellt
von Rolf Jeromin

Praesentverlag Heinz Peter

Gestaltung: Peter Loeffler

Die Stahlstiche und Holzstiche stammen aus der Sammlung des Herausgebers

Printed in Germany
ISBN 3-87644-085-8

Mutter und Tochter fahren Rikscha. Das Gefährt erfand um 1869 ein Nordamerikaner.

Impressionen kurz vor der Abreise

Zur rechten Zeit war das Schiff bereit, seine Passagiere aufzunehmen. Ich wurde dem jungen Mann vorgestellt, der die Kajüte mit mir teilen sollte, und fand ihn intelligent, heiteren Gemüts, selbstlos, voll großmütiger Regungen, geduldig, rücksichtsvoll und wunderbar gutmütig.

Wir suchten eine Luxuskabine aus, die steuerbords vor dem Rad »unter Deck« lag. Sie enthielt zwei Schlafkojen, ein trübes Deckenlicht, einen Ausguß mit einer Waschschüssel und eine lange, üppig gepolsterte Truhe, die teils als Sofa und teils als Versteck für unsere Sachen dienen sollte. Trotz dieser Einrichtungsgegenstände war noch genügend Raum vorhanden, um sich darin umzudrehen, aber nicht, um eine Katze herumzuschwingen, jedenfalls nicht mit völliger Sicherheit für die Katze. Immerhin war der Raum für eine Schiffskabine groß und in jeder Hinsicht befriedigend.

Das Schiff sollte an einem bestimmten Sonnabend Anfang Juni auslaufen. An diesem bemerkenswerten Sonnabend kam ich kurz nach Mittag am Schiff an und ging an Bord. Hier herrschte geschäftiges Leben und Treiben. Der Kai stand voller Wagen und Menschen; Passagiere trafen ein und eilten an Bord; die Decke des Schiffes war durch Koffer und Kisten versperrt; Gruppen von Reisenden, in unansehnliche Reisekostüme gekleidet, standen niedergeschlagen im Sprühregen herum und sahen so mutlos und jammervoll aus wie kranke Hühner. Die stolze Flagge war gehißt, aber auch sie stand unter dem Bann und hing schlaff und entmutigt am Mast. Im ganzen war es ein sehr, sehr trauriger Anblick! Es handelte sich um eine Vergnügungsreise – das war nicht zu leugnen, denn so stand es im Programm, so war es im Vertrag genannt –, aber sie machte bestimmt nicht den Eindruck. Über das Krachen und Poltern und Rufen und über das Zischen des Dampfes hinweg erschallte plötzlich das Kommando »Abwerfen!« – ein plötzliches Hasten zu den Fallreeps – ein An-Land-Springen der Besucher – eine Umdrehung der Räder, und wir hatten abgelegt, der Ausflug hatte begonnen! Zwei sehr lahme Hochrufe erklangen aus der triefenden Menge am Kai; wir antworteten sanft von den schlüpfrigen Decks aus; die Flagge machte einen Versuch zu wehen und ließ es dann; die Geschützbatterie schwieg - die Munition war nicht mitgeliefert worden.

Wir dampften zur Ausfahrt des Hafens und ankerten. Es regnete noch immer. Und es regnete nicht nur, es stürmte auch. Wir konnten selbst sehen, daß »draußen« ein ungeheurer Seegang herrschte. Wir mußten im ruhigen Hafen stilliegen, bis sich der Sturm legte.

Unsere Passagiere stammten aus fünfzehn Staaten; nur wenige von ihnen waren früher schon einmal auf See gewesen; offensichtlich wäre es nicht zweckmäßig gewesen, sie einem ausgewachsenen Sturm entgegenzustellen, bevor sie seefest geworden waren. Gegen Abend fuhren die beiden Dampfschlepper ab, die uns mit einer fröhlichen Champagnergesellschaft junger New Yorker an Bord begleitet hatten, um einen der Mitreisenden in gehöriger, althergebrachter Form zu verabschieden, und wir waren allein über der Tiefe des Meeres. Einer Tiefe von fünf Faden und fest am Grund verankert. Und draußen in einem feierlichen Regen, überdies. Das war ein Vergnügen im höchsten Grade.

Es war eine passende Erlösung, als der Gong zur Gebetsandacht rief. Der erste Samstagabend jeder anderen Vergnügungsreise wäre wohl dem Whist und dem Tanz gewidmet worden, aber ich überlasse es einem unvoreingenommenen Kopf, zu beurteilen, ob es sich auch uns geziemt hätte, sich mit solchen Frivolitäten abzugeben, wenn man bedenkt, was wir durchgemacht hatten und in welchem Gemütszustand wir uns befanden. Bei einer Totenwache hätten wir geglänzt, aber nicht bei einer festlicheren Gelegenheit.

Es geht noch immer eine tröstende Wirkung vom Meer aus; und diese Nacht in meiner Koje, gewiegt von der regelmäßigen Dünung und eingelullt vom Murmeln der entfernten Brandung, verlor ich die trüben Erfahrungen des Tages und die vernichtenden Vorahnungen der Zukunft bald friedlich aus dem Bewußtsein.

Am nächsten Morgen lichteten wir die Anker und stachen in See. In diesem Augenblick war ich zufrieden mit unserem Ausflug und mit all seinem Drum und Dran. *(Mark Twain, 1867)*

Polynesischer Tanz auf Tahiti um 1886. Die Damen zeigen französische Einflüsse.

Europa

Europa liegt fast ganz unter einem gemäßigten Himmelsstrich;
es hat kein Binnenland, das dem Weltverkehr abgewendet wäre;
denn selbst das Herz von Europa, Deutschland, wird vom Meer bespült.
In seinen Halbinseln und Inseln hat Europa die Hände und Füße bekommen,
wodurch es sein inneres Leben offenbaren und entwickeln
und allen anderen Weltteilen den Rang abgewinnen konnte.
A.W. Grube

Landausflug in Norwegen, 1870. Die Reisenden fahren mit Skyds, leichten Jagdwagen.

Deutschland

Berlin, Reichstag. Von dem Brandenburger Tor führt die Friedensallee nach dem Königsplatz, in dessen Mitte das 1873 eingeweihte Siegesdenkmal aufragt, eine kolossale Säule nach Stracks Entwurf, die über einem quadratischen Unterbau aus einer runden Säulenhalle emporstrebt und oben von einer kolossalen Borussia von Drake gekrönt wird. Den Unterbau schmücken vier Bronzereliefs. Drei Reihen eroberter Geschützrohre umgürten den oberen Säulenschaft.

Auf der Ostseite des Königsplatzes erhebt sich das 1894 eingeweihte neue Reichstagsgebäude, der vornehmste Monumentalbau der deutschen Kaiserstadt, seit 1884 nach Paul Wallots Entwurf im Stil der italienischen Hochrenaissance mit einem Kostenaufwand von 22 Millionen Mark aufgeführt, gleich hervorragend durch gewaltige Architektur wie durch zweckmäßige Grundrißanordnung.

Die Länge beträgt 131,8 Meter, die Breite 88,3 Meter, die Höhe bis zum Hauptgesims 27 Meter. An den vier Ecken ragen 46 Meter hohe Türme auf, oberhalb des Sockelgeschosses von Säulen umgeben (darüber Figuren der verschiedenen Berufsarten des Volkes und die Namen der deutschen Fürsten im Jahre 1871). Die Mitte des Gebäudes, die der Sitzungssaal einnimmt, überdeckt eine Glaskuppel mit reichvergoldeten Kupfergürtungen, überragt von einer säulenumgebenen Laterne, deren Dach in eine Kaiserkrone ausläuft.

Die Hauptfront mit dem großen Festportal ist dem Königsplatz zugewendet. In dem sechssäuligen offenen Mittelbau gewaltige Reliefs des Rheins und der Weichsel von O. Lessing. Über der Tür der Ritter Georg mit der Reichsfahne (die Gesichtszüge an Bismarck erinnernd), nach Siemerings Modell. Außen im

1894 wurde das Renaissance-Reichstagsgebäude in Berlin eingeweiht. Links die Siegessäule mit der Borussia.

Giebeldreieck der Säulenhalle Reliefs von Schaper. Auf dem Giebel die in den Sattel gehobene Germania, in Kupfer getrieben. Das Portal der Südfront dient den Abgeordneten, das der Ostfront dem Bundesrat und dem Hofe, das der Nordfront dem Publikum. Rings um das Gebäude sind an den Fenstern des Hauptgeschosses die Wappen der Bundesstaaten angebracht. *(K. Baedeker, 1896)*

Potsdam, Schloß Sanssouci. Sanssouci heißt der großartige und schöne Ruhesitz, welchen Friedrich der Große nach dem ersten Schlesischen Kriege schuf und wo er in Friedenszeiten mit den größten Geistern seines Jahrhunderts verkehrte. Der Garten wurde in altfranzösischem Geschmack angelegt, aber unter Friedrich Wilhelm III. und Friedrich Wilhelm IV. vielfach verschönert. Das ganze Gebiet hat jetzt sechs Meilen im Umfang. Man tritt gewöhnlich durch das grüne Gitter und folgt der Fahrstraße, von welcher man rechts das Kabinettshaus und das Kavalierhaus mit dem dahinter liegenden Privatgarten des Königs und links die Villa Augusta der Fürstin Liegnitz und die Wohnung des Hofgärtners erblickt.

Dann macht die Straße einen rechten Winkel, und man erblickt vor sich die überraschend schönen neuen Terrassen, welche mit Orangerien besetzt sind und zu dem Schlosse hinaufführen. Das Schloß Sanssouci ist ein einstökkiges Gebäude und besteht aus drei Teilen: dem eigentlichen Schloß, der rechter Hand in einer Vertiefung gelegenen Bildergalerie und den Neuen Kammern oder dem Kavalierhause zur linken Hand. Das Innere des Schlosses ist sehenswert, aber nur in Abwesenheit des Hofes zugänglich. *(R. Springer, 1861)*

Schloß Sanssouci in Potsdam um 1850. Es entstand ab 1745 nach Plänen Friedrichs II. und Knobelsdorffs.

Heidelberg, Schloß. In der unmittelbaren Nähe von Heidelberg gewinnen wir den ersten Anblick dieser Stadt, mit der sich in Rücksicht der Pracht der Umgegend kaum etwas in der Welt messen kann. Die Burg, die Stadt überragend, ist noch in ihren Trümmern höchst majestätisch; der Neckar, seinen Strom dem Rhein zuwindend, dann die schöne über ihn führende Brücke und Hügel, die sich über Hügel erheben: alles dies zusammen bildet eine Landschaft, auf der auch des kühlbesonnensten Reisenden Auge mit Lust verweilt.
Der überraschendste Gegenstand ist die Burg, die bis zum Jahre 1764 der Stolz des Landes gewesen war; damals erlitt sie gänzliche Zerstörung. Noch sind die Trümmer ansehnlich genug, um eine Idee von der ursprünglichen Größe hervorzurufen. Rings um diese Zerstörungsszenen entfaltet die Natur ihre unwandelbaren Reize. Gärten blühen wie sonst; der Weinstock windet seine Ranken nach allen Seiten, während das zelebrierte Heidelberger Faß in einem der Keller des Schlosses die gesunkene Größe des Palastes zu betrauern scheint.
Die Universität ist 1386 gegründet. Einem Fremden, der zuerst Heidelberg besucht, muß notwendig die Tracht der vielen Studierenden auffallen. Viele bedienen sich der samtnen deutschen Röcke, wie sie weiland ihre Altvordern getragen. Wenige beeifern sich, den Muscadins von Paris und den Dandys von London ähnlich zu sein; man sieht sie oft mit furchtbaren Meerschaumköpfen an ihren Riesenpfeifen die Straßen durchziehen. *(W.G. Fearnside, um 1830)*

Die Anfänge des Heidelberger Schlosses gehen auf das 13. Jahrhundert zurück. 1689 wurde es zuerst zerstört.

Nürnberg, Burg. Schon aus der Ferne präsentiert sich Nürnberg höchst stattlich mit seinen Türmepaaren und der alles überragenden Burg. Rings ist die Stadt von einer hohen doppelten Mauer umgeben, aus welcher eine große Anzahl fester Türme, meist Quaderbau, hervorragt. Die Zahl der kleineren Türme soll nach der Tradition 365 betragen haben. Der obere Kranz derselben ist zum großen Teil abgebröckelt.

Die alte Burg diente in den ältesten Zeiten zur Wohnung der deutschen Könige, so oft sie zu Nürnberg ihr Hoflager aufschlugen. 28 Kaiser und Könige haben in der Zeit von 1050 bis 1704 hier geweilt, ja, Albrecht I., Ludwig der Bayer, Karl IV. kamen sogar fast alljährlich hierher.

Kaiser Friedrich III. weilte 1487 fast ein ganzes Jahr darin und krönte in derselben den berühmten Dichter Konrad Celtis.

Nachgehends, als die Kaiser nicht mehr an verschiedenen Orten ihr Hoflager hielten, ward das Schloß zur Wohnung der ältesten Magistratsperson, welche den Titel Kastellan führte, bestimmt. Eine Reihe Zimmer zu ebener Erde, die von der Stadt aus gesehen das erste Stockwerk ausmachen, wurde dazu eingerichtet. 1855 schenkte die Stadt ihre Burg dem König Ludwig, welcher 1848 der bayerischen Krone entsagt hatte.

Nahe beim Eingang, beim alten Burgtor, auf dessen Flügel der doppelte Adler gemalt ist, erhebt sich der Heidenturm, so genannt wegen einiger auf seinen Tragsteinen befindlicher Figuren. Er bildet den ältesten Teil des Schlosses. *(H. A. Daniel, 1892)*

Die Nürnberger Burg um 1830. Die alte Reichsfeste wurde im 11. Jahrhundert begründet und später erweitert.

Schweiz

Montblanc. Es sind nur wenige Jahrzehnte her, daß der König aller Berge der Alpen, der Montblanc, für die Menschheit ebenso unnahbar und unersteiglich erschien wie heute etwa der Gaurisankar im Himalaja. Wohl wurde der Riese zum ersten Male schon im Jahre 1786 bezwungen, doch erschien dies damals als eine Großtat ohnegleichen, und erst lange nachher wurden Besteigungen in größerer Zahl unternommen.

Seit der letzten Jahrhundertwende indessen vergeht im Sommer kein schöner Tag, an dem man nicht von dem malerischen Chamonix aus Dutzende von Bergsteigern beobachten kann, deren Ziel es ist, die höchste Spitze Europas zu erreichen.

Vom Col de Brévent aus, am Südwestende der Aiguilles, bietet sich ein großartiges Bild des Montblanc dar, sein Haupt vielleicht hoch über die Wolkenmassen emporsteigend, die gerade um seine Flanken schweben mögen, sein blendend weißer Krönungsmantel von schwarzen Felsspitzen unterbrochen, wie die Schwänze am königlichen Hermelin. Dem ganzen Tal entlang, in einer Ausdehnung von 25 Kilometer, senden die ungeheuren Gletschermassen, die sich um diese Hunderte von Bergkolossen legen und alle Joche zwischen ihnen ausfüllen, viele Kilometer lange Zungen herab, wie den wunderschönen Glace d'Argentière und die beiden großen Glaciers des Bossons und des Bois, besser bekannt als »Mer de Glace«. Ihr erhabener Wächter ist der majestätische Felsturm der Aiguille Verte, der, wie so viele andere hier, die Höhe der Jungfrau erreicht. Die Schmelzwasser aller dieser Gletscher stürzen in die wilde, milchig-weiße, eiskalte, unheimliche Arve und speisen damit die Rhone, deren klares Wasser beim Zusam-

Der Montblanc, 4807 Meter hoch, ist Europas höchster Berg. Das Montblancmassiv reicht bis in die Schweiz.

menfluß der beiden Ströme sich jenem der Arve auf eine lange Strecke nicht vermählt. Wie Luzern, Zermatt und Interlaken, so ist auch Chamonix zu einem der großen Mittelpunkte des Touristenverkehrs in den Alpen geworden, jeder anders, jeder von eigener Art, aber alle von hohem Interesse, weniger um ihrer selbst willen als der Paradiese des Winters wegen, die sich dem Besucher dort oben mitten im heißen Sommer darbieten. *(E.v. Hesse-Wartegg, um 1905)*

Bern, Bundeshaus. Nur der Aare verdankt die alte Reichs- und heutige Bundesstadt Bern ihre Gründung, denn der Fluß baute den festen Felsen zu einer Halbinsel, die dem einstigen Erbauer der Stadt günstig erschien zu dem befestigten Mittelpunkte einer werdenden Macht. Noch heute, wenn man die Stadt, so fest geschlossen um das Münster gruppiert, über den Wellen der Aare stehen sieht, inmitten einer sanften, lieblichen Ernte- und Hirtenlandschaft, schaut sie aus wie ein gewappneter Landsknecht, der auf sein Schwert gelehnt steht und nach fernen Gebirgen hinüberträumt. *(W. Kaden, um 1871)*

Im Nordwesten der Kirchenfeldbrücke ragt am Rande der Stadthöhe weithin sichtbar der im Florentiner Stil erbaute Bundespalast auf, aus drei Gebäuden bestehend. Das Bundeshaus Ost, von Auer 1888-92 erbaut, enthält die Departements des Krieges, der Industrie und der Landwirtschaft. Das Parlamentsgebäude enthält die Sitzungssäle des Nationalrats und des Ständerats. Das Bundeshaus West, von Stadler und Studer 1852-1857 erbaut, enthält das Politische Departement, die Departements des Innern, der Justiz etc. sowie bis zur Eröffnung des Parlamentsgebäudes die Sitzungssäle des National- und Ständerats. Im Hof der 1863 errichtete Bernabrunnen. Zu beiden Seiten des Mittelbaues führen Durchgänge auf die Terrasse. *(K. Baedeker, 1901)*

Der Bundespalast in Bern, Regierungszentrum der Schweiz, war vor hundert Jahren erst zum Teil fertiggestellt.

Basel, Rathaus. Wohin wir immer auf der Schweizerreise gehen, begleitet uns selbst in dem abgelegensten Bergwirtshaus die süßeste Erinnerung an Basel, besonders gegen Ende der Table d'hôte beim Dessert: die honigsüßen Basler Leckerli! Und fragt man einen Schweizer Buben oder Mädchen: »Du, was gibt es Wichtiges in der Stadt Basel?« - so werden sie das Gesicht zu einem überzuckerten Lächeln verziehen und verschämt flüstern: »Ei, ihr meint da die Basler Leckerli!«

Basel macht in allen seinen Zügen den Eindruck eines behäbigen Handelsherrn von altem Schrot und Korn, der einen gewissen Arbeitsernst in seinem Antlitz und das Bewußtsein hat, sein Haus auf festem Grund erbaut zu haben. Er hütet sich für gewöhnlich, Luxus zu entwickeln; wo es aber gilt, paßt ihm auch das feinste Gesellschaftskleid.

Das ist Basel: die arbeitsernste Stadt mit dem republikanischen Charakter. Was ein Handelshaus begünstigt - vorteilhafter Platz und Glück -, das hob auch Basel empor, das an der »goldenen Pforte Helvetiens« auf der Grenzscheide dreier Länder liegt. *(W. Kaden, um 1875)*

Basel, die Hauptstadt des Halbkantons Basel-Stadt, mit 107 287 Einwohnern (154 Millionäre), neben der von L. Munatius Plancus um 27 v. Chr. gegründeten Colonia Augusta Rauracorum im Jahre 374 n. Chr. als Basilea zuerst erwähnt, im Mittelalter freie Reichsstadt, seit 1460 Sitz einer von Papst Pius II. gegründeten Universität, seit 1501 Mitglied der Eidgenossenschaft, dehnt sich an beiden Ufern des Rheins aus, der hier von Süden die Birs und die Birsig, von Norden die Wiese aufnimmt. Drei Brücken führen über den Rhein.

Das Rathaus von Basel, hier eine Ansicht von 1850, entstand ab 1508 im Stil burgundischer Spätgotik.

Am Markt das Rathaus, 1508-21 im Stil burgundischer Spätgotik erbaut, 1824-28 erneuert. An der Freitreppe im Hof ein Standbild des Munatius Plancus von 1580. Im Regierungsratssaal schönes Täfelwerk und alte Glasmalereien. *(K. Baedeker, 1901)*

Zürich, Stadtbild. Die Lage dieser heiteren Stadt, hart an der grünlichen Limmat und an der Spitze des Zürichsees, im Schoße teils lachender und anmutiger, teils wilder und abenteuerlicher Gebirgsformen, wird stets die Blicke der Reisenden festhalten, und hätte er ganz Europa durchzogen.

Es ruht auf Zürich ein eigner Zauber. Nicht bloß die Natur verleiht ihn; er wird auch durch das höhere Interesse der Humanität genährt, das sich an Zürichs Namen knüpft. Zwingli, Lavater, Geßner, Pestalozzi und viele andere hervorragende Geister, die der Menschheit als wohltätige Gestirne leuchten, waren aus Zürich oder fanden da ihren Wirkungskreis.

Zürich ist nicht groß. Eine hübsch gebaute Stadt von 15 000 Einwohnern würde in manchem andern Lande kaum bemerkt werden; aber in der Schweiz nimmt sie den ersten Rang ein und steht selbst höher im Ansehen als das größere Bern. Zürich ist der rührigste Herd für schweizerische Entwicklung und Fortschritte. Niemand wird leugnen, daß sich in Zürich die größte Masse schweizerischer Intelligenz und Bildung vereinigt, daß das schweizerische Leben hier seine größten Schlagadern hat. Selbst die enormen Kosten einer Universität hat das kleine Gemeinwesen zusammengebracht und Zierden der Wissenschaft zu Lehrern berufen. *(Meyer's Universum, 1844)*

Zürich um 1835, Partie an der Limmat. Rechts das Großmünster, in dem ab 1519 Ulrich Zwingli predigte.

Italien

Venedig, Markusplatz. Natürlich besuchten wir das ehrwürdige Denkmal aus Venedigs einstigen Glanzzeiten, dessen Pflaster die darüber schreitenden Füße einer tausendjährigen Folge von Plebejern und Patriziern abgenutzt und beschädigt haben - die Markuskirche! Sie ist ganz aus kostbarem, vom Orient hergeschlepptem Marmor gebaut.
Was uns mit ihr aus uralter Zeit überliefert ist, macht sie auch für den gleichgültigen Fremden zu einem Gegenstand des tiefsten Interesses, und insoweit übt sie auch auf mich ihre Anziehungskraft aus, aber nicht weiter. Über ihre groben Mosaikarbeiten, ihre reizlose byzantinische Architektur oder ihre fünfhundert seltsamen Innensäulen, die aus ebenso vielen weit entfernten Marmorbrüchen stammen, konnte ich nicht in Verzükkung geraten. Alles war abgenutzt - jeder Steinquader war glatt und beinahe formlos geworden, unter dem Reiben der Hände und Schultern der Bummler, die hier in vergangenen Jahrhunderten andächtig herumgetrödelt hatten. *(Mark Twain, 1867)*
Die Fassade der Markuskirche sieht aus wie die Vorderfront eines *café-concert* aus Pappe; hingegen ist das Innere von der erdenklich vollkommensten Schönheit. Die alles durchdringende Harmonie der Linien und Töne, das milde Schimmern der alten Goldmosaiken inmitten strenger Marmorpartien, das wunderbare Ebenmaß der Gewölbe und Hintergründe, ein Hauch göttlicher Eingebung über allem, wenn das sanfte Morgenlicht die Säulen fromm umspielt und all diese Schönheit sich dem Geist durch das Auge förmlich entgegenwirft - das alles macht den Markusdom zu einem der wunderbarsten Dinge der Welt.
Aber im Anblick dieses unvergleichlichen Meisterwerks der byzantinischen Kunst fühlt man sich dennoch versucht, es mit einem an-

Der Markusplatz in Venedig. In der Mitte San Marco, die Gruftkirche des venezianischen Schutzheiligen Markus.

deren unübertrefflichen, gänzlich anders gearteten religiösen Bauwerk zu vergleichen, einem Meisterwerk der gotischen Kunst, das inmitten der grauen Fluten der nördlichen Meere aufgeführt wurde, das sich einsam auftürmt in der riesigen Bucht des Mont Saint-Michel. *(Guy de Maupassant, 1890)*

Venedig, Canal Grande. Wir fahren den Canal Grande hinunter. Man ist zuerst befremdet vom Anblick dieser Stadt, deren Straßen Flüsse sind - Flüsse oder eigentlich besser Kanäle unter freiem Himmel. Das ist in der Tat der Eindruck, den Venedig erweckt, sobald der Fremde das erste große Staunen überwunden hat. Es ist, als hätten übermütige Baumeister die Gewölbe aus Stein und Mörtel in die Luft gesprengt, die in allen anderen Städten der Erde diese unreinen Gewässer zudecken, während hier die Bewohner gezwungen sind, zu Schiff durch ihre eigenen Abwässer zu fahren. Und doch sind einige dieser Kanäle, und gerade die engsten, von sehr eigenartigem Reiz. Alte, wie vom Elend zerfressene Häuser spiegeln ihr verschossenes rußgeschwärztes Gemäuer in ihnen und tauchen ihre schmutzigen, rissigen Füße hinein wie arme, zerlumpte Landstreicher, die sich in Bächen waschen. Die steinernen Brücken spannen sich über dieses Wasser. *(Guy de Maupassant, 1890)*

Binnen weniger Minuten trieben wir elegant hinaus auf den Canal Grande, und da lag im milden Mondlicht das Venedig der Dichtung und Romantik vor uns. Direkt vom Rand des Wassers erhoben sich lange Reihen stattlicher Marmorpaläste; Gondeln glitten schnell hierhin und dahin und verschwanden plötzlich durch unvermutete Tore und Gäßchen; schwere Steinbrücken warfen ihre Schatten quer über die glitzernden Wellen. Überall herrschte ein Leben und Treiben, und doch lag über allem eine Stille, eine Art verstohlener Stille, die an heimliche Geschäfte gedungener Mörder und Liebender denken ließ. *(Mark Twain, 1867)*

Fast vier Kilometer lang durchzieht der Canal Grande Venedig. Eine Gondelfahrt gehörte schon 1840 dazu.

Rom, St. Peter. Ein größeres, älteres und reicheres Gotteshaus, verknüpft mit größeren Ereignissen der Weltgeschichte, hat die Christenwelt nicht aufzuweisen. Schon in der ersten Zeit des Christentums wurde auf der Stelle, wo der Circus des Nero sich befunden hat, von Kaiser Konstantin dem Großen auf die Bitte des Papstes Silvester I. eine Kirche erbaut, die unter anderen Reliquien aus der Christenverfolgung den Erzsarg des heiligen Petrus barg.
In den edelsten Formen und von großartiger Majestät erhebt sich die von der berühmten Kuppel gekrönte Säulenfront von St. Peter im Hintergrund der Piazza di San Pietro und bildet den herrlichsten Abschluß der edlen Kolonnaden, die diesen Platz umfassen. Sie wurden im siebzehnten Jahrhundert gebaut und zeigen vier Reihen dorische Säulen, mit Gängen dazwischen, von denen der mittlere breit genug ist, um zwei Wagen das Ausweichen zu gestatten.
Schon die Vorhalle der Kirche mit ihrer prachtvollen Stukkodecke macht einen großartigen Eindruck, denn sie allein besitzt schon die Größe und Höhe einer stattlichen Kirche, doch sie ist vergessen, wenn man das Innere des Gotteshauses selbst betritt. Kein Gebäude des Erdballs kann in seinem Inneren machtvoller wirken als dieser geweihte Raum, umschlossen von Marmorwänden im herrlichsten Schmuck und dabei doch voll Harmonie der Formen und Farben. Unzählige Altäre, Säulen, Bilder, Kanzeln, Statuen, Denkmäler drängen einander, und doch macht der ungeheure Raum den Eindruck der Leere - umfaßt er doch nicht weniger als 15 160 Quadratmeter, also mehr als das Doppelte der Hagia Sophia in Konstantinopel, des Kölner Doms oder der Sankt-Pauls-Kathedrale in London. Dem Haupteingang nahe ist im marmornen Fußboden eine große runde Porphyrplatte eingelassen. Auf ihr wurde in früheren Zeiten den Kaisern die Krone aufs Haupt gesetzt. Die

Sankt Peter in Rom, die größte Kirche der Christenheit, mit dem ovalen Petersplatz und Berninis Kolonnaden.

Gesamtlänge der Kirche beträgt 211½ Meter, die Breite 137½ Meter. *(E. v. Hesse-Wartegg, um 1905)*

Natürlich waren wir oft in der Peterskirche. Ich kannte ihre Abmessungen. Ich wußte, daß sie ziemlich genau so lang ist wie das Capitol in Washington. Ich wußte, daß das Kreuz auf der Spitze der Kirchenkuppel 130 Meter über der Erde steht und also dreißig oder vierzig Meter höher als die Kuppel des Capitols ist. So hatte ich einen Maßstab. Ich wollte mir eine möglichst genaue Vorstellung davon machen, wie sie wohl aussehen würde. Ich war neugierig, wie weit ich mich irren würde. Ich irrte mich beträchtlich. Die Peterskirche wirkte nicht annähernd so groß wie das Capitol und von außen sicher nicht den zwanzigsten Teil so schön. *(Mark Twain, 1867)*

Rom, Forum Romanum. Der Anblick des Forum Romanum bietet immer noch genug des Alten, um der Phantasie die Rekonstruktion des Ganzen möglich zu machen. Die Franzosen hatten die Ruinen zuerst enthüllt und vom Schutt gereinigt, so gaben sie Rom seinen größten Reiz wieder. Stille ruht nun über diesem Platz, einst der Mittelpunkt der zivilisierten Welt, wo die Lose der Länder und Völker gezogen wurden. *(v. Lüdemann/Witte, 1837)*

Zu unseren Füßen breitet sich das Überbleibsel einer Stadt aus, die einst vier Millionen Seelen zählte; und zwischen ihren zusammengedrängten Gebäuden stehen die Ruinen von Tempeln, Säulen und Triumphbögen, die die Cäsaren erlebt hatten und den Höhepunkt römischen Glanzes; und dicht daneben die Bogen einer Wasserleitung aus schwerem Mauerwerk, in unverminderter Festigkeit, die zu der älteren Stadt gehörte, die hier gestanden hatte, bevor Romulus und Remus geboren waren oder an Rom zu denken war. Die Via Appia ist noch vorhanden und sieht vielleicht fast genauso aus wie damals, als die Triumphzüge der Kaiser sich über sie hinwegbewegten. *(Mark Twain, 1867)*

Das Forum Romanum in Rom um 1850. Links die acht Säulen des Saturntempels, rechts der Castortempel.

Neapel und der Vesuv. »Neapel sehen und sterben.« Nun, ich wüßte nicht, daß man unbedingt sterben müßte, wenn man es nun gesehen hat, aber ein Versuch, dort zu leben, könnte schon etwas anders aussehen. Neapel zu sehen, wie wir es in der frühen Morgendämmerung von weit oben am Hang des Vesuvs aus sahen, heißt, ein Bild wunderbarer Schönheit zu schauen.
Aus dieser Entfernung wirkten seine schmutzigen Gebäude weiß - und mit Reihen um Reihen von Balkonen, Fenstern und Dächern türmten sie sich empor vom blauen Ozean bis hinauf, wo die riesige Burg San Elmo die große weiße Pyramide abschloß und dem Bild Gleichmaß, Betonung und Vollständigkeit verlieh. Und als sich seine Lilien in Rosen verwandelten - als es unter dem ersten Kuß der Sonne errötete -, war es über alle Beschreibung schön. »Neapel sehen und sterben.« Selbst der Rahmen des Bildes war bezaubernd. Im Vordergrund das glatte Meer - ein riesiges Mosaik aus vielen Farben; die stolzen Inseln, die weit in der Ferne in einem traumhaften Dunst schwebten; an unserem Ende der Stadt der stolze Doppelgipfel des Vesuvs und seine kräftigen schwarzen Lavarippen und -flöze, die sich bis in die grenzenlose flache Campagna hinab erstrecken - ein grüner Teppich, der das Auge bezaubert und den Blick immer weiter und weiter führt, an Baumgruppen und einzeln stehenden Häusern und schneeweißen Dörfern vorbei, bis er sich weit hinten in einem Dunstsaum und allgemeiner Verschwommenheit verliert. Hier von der Einsiedelei am Hang des Vesuvs aus sollte man »Neapel sehen und sterben«. *(Mark Twain, 1867)*
In dem rings von überhängenden Felsen umgebenen Krater war ein sonderbares Leben. Fast in der Mitte, doch etwas mehr nach Westen, stand ein Schlackenkegel, schwarz, ruhig. Nur von Zeit zu Zeit entstand ein unterirdisches Getöse, und es flog unter heftigem Donner eine Menge von Steinen heraus, die rings auf die Felder niederrasselten; ein son-

Der Golf von Neapel mit dem Vesuv im Hintergrund: »Lage und Umgebung gehören zu den schönsten der Erde.«

derbares Klingen, wie ich es sonst noch nicht gehört. Ein Ende davon, nach Osten zu, hatte sich offenbar erst vor kurzem eine neue Öffnung gebildet. Es quoll daraus der glühende Lavafluß, wallend, doch bedächtig, wie es einer solchen breiigen Masse gemäß ist, und floß nach allen Seiten hin, sich in dem Kessel ausbreitend und die Vertiefungen ausfüllend. Nur wenn aus dem westlichen Kegel eine Eruption erfolgte, dann äußerte sich die unterirdische Kraft heftiger; der ruhige Fluß wurde unterbrochen und die Lava in die Höhe geschleudert, so daß sie in Fetzen und flackernd durch die Luft flog. *(L. Passarge, 1892)*

Capri und die Blaue Grotte. Auf Capri hat sich eine eigene, von den Griechen abstammende Rasse Menschen erhalten, grundverschieden von den Neapolitanern und Italienern. Man ist erstaunt über die ideal schönen Gestalten mit dem reinsten griechischen Profil, die man vergeblich auf dem Festland sucht. Zudem sind die Leute zutraulich und freundlich, ohne dabei, wie viele andere Italiener, diebisch und betrügerisch zu sein, so daß jeder Fremde sich bald heimisch befindet auf Capri, während man in Neapel im steten Kampf ums Dasein lebt. *(E. Fraas, 1887)*

Die wundervolle Blaue Grotte liegt auf der Insel Capri, zweiundzwanzig Meilen von Neapel entfernt. Wir mieteten einen kleinen Dampfer und fuhren hinaus. Natürlich kam die Polizei an Bord, unterzog uns einer Überprüfung unseres Gesundheitszustandes und erkundigte sich nach unserer politischen Überzeugung, bevor sie uns landen ließ.

Ich vermute, sie hatten Angst, daß wir die Grotte stehlen. Sie wäre des Stehlens wert gewesen. Der Eingang zur Höhle ist vier Fuß hoch und vier Fuß breit und befindet sich an der Stirnwand einer hohen, senkrechten Uferklippe. Wie tief sie ist, weiß kein Mensch. Sie reicht hinunter bis auf den Grund des Ozeans. Das Wasser dieses ruhigen unterirdischen Sees ist vom strahlendsten, lieblichsten Blau, das man sich vorstellen kann. *(Mark Twain, 1867)*

Das Städtchen Capri auf der gleichnamigen Insel im Golf von Neapel, vom Monte Solaro (589 Meter) überragt.

Spanien

Madrid. Die Stadt der tausend Glocken war einst Hauptstadt der ganzen Welt! Weinend, sagen die Spanier, zieht man zu Madrids Toren ein, denn sein Aussehen ist traurig; und weinend verläßt man es, denn so lieb und edel und gastlich sind die Bewohner, daß man mit Schmerzen von ihnen Abschied nimmt. Die Stadt hat heutzutage eine Bevölkerung von etwa 300000 Seelen, sie zählt achttausend Häuser, zwölf Stadtviertel, siebzig Klöster, die zum Teil in Trümmern liegen, siebzehn Kirchspiele, sechzehn Kollegien, neun Akademien, vier Bibliotheken und zwei Gemäldesammlungen. *(E.v. Cuendias, 1851)*

Madrid besitzt ein wenig angenehmes Klima, große Schwankungen der Temperatur, eine kahle Umgebung ohne den Schmuck freundlicher Wälder. Es liegt auf steppenartigem Hochland, entbehrt eines großen Flusses, und doch war es wohl kein Fehler, wenn Philipp II. Madrid zur Hauptstadt des spanischen Einheitsstaats machte; denn seine zentrale Lage wiegt alle Mängel und Schwächen auf.

Hat es zunächt nur durch seine großen Dichter und Maler geglänzt, so haben die Bourbonenkönige Madrid auch ein Festgewand angelegt, so daß es heute mit seinen prächtigen Anlagen, seinen stolzen Bauten einen prachtvollen, hochmodernen Eindruck macht. Aber eine spanische Stadt ist es nicht. Diese Tatsache kommt einem besonders dann zum Bewußtsein, wenn man aus dem Süden, etwa aus der Sierra Morena, nach Madrid kommt, wenn man die wundervollen Gebirgsszenerien des »Hundefelsabsturzes«, wo in der Maurenzeit so viel und so blutig gekämpft worden ist, passiert hat, oder wenn die Steppenlandschaft La Mancha, die Cervantes in seinem Don Quichotte so berühmt gemacht hat, hin-

Den Blick auf Madrid, noch ohne Hochhäuser, brachte der Zeichner um 1840 vom Foncarral-Tor aus zu Papier.

ter einem liegt. Aufgefallen ist mir in Madrid namentlich der riesige Straßenverkehr, der selbst den von Berlin auf dem Potsdamer Platz in den Schatten stellt. Freilich, auch Madrid hat seine ruhigen, idyllischen Plätze, so den Parqua del Oeste mit seinem Blick in die weite Landschaft, so auch die schattigen Promenaden von vornehmer Schönheit.

Madrid besitzt gegen 400 Kirchen und Kapellen, darunter recht imposante, aber keine, die sich mit den Kathedralen von Sevilla oder Burgos vergleichen ließe. Wer sich für den Maler Goya (gest. 1828) interessiert, wird die kleine Ermita de San Antonio de la Florida aufsuchen, aber den Eindruck mit hinwegnehmen, daß es ihm zum Kirchenmaler an Religion und Tiefe fehlt. Seine Größe lag ja auf ganz anderem Gebiet.

Ein monumentales Prachtwerk des 18. Jahrhunderts ist der Königspalast, der 22500 Quadratmeter bedeckt, dessen Seitenlängen 150 Meter betragen, dessen Inneres eine seltene Pracht und einen überwältigenden Reichtum an Fresken, Statuen und Gemälden, an kostbaren Erinnerungen der spanischen Geschichte birgt. *(J. Mayrhofer, 1915)*

Wenn man von Madrid spricht, so sind die beiden ersten Gegenstände, welche die Einbildungskraft uns vorführt, der Prado und die Puerta del Sol. Der Prado besteht aus mehreren Alleen mit einem Fahrweg in der Mitte für die Wagen, beschattet von verwachsenen, des Wipfels beraubten Bäumen. Die Promenade fängt beim Kloster Atocha an, geht bei dem Tor Alcalá vorüber und endigt am Tor der Barfüßer; die schöne Welt aber beschränkt sich auf einen kleinen Raum um die Brunnen der Zybele und des Neptun. Hier ist ein großer Raum, mit Stühlen besetzt, und hier, wo am wenigsten Schatten, aber am meisten Staub ist, drängt sich die fashionable Welt zusammen. *(A.W. Grube, 1868)*

Die Calle de Alcalá in Madrid um 1850, breiteste Straße der Innenstadt und besonders eindrucksvoll.

Escorial. Wer hätte vom Escorial nicht gehört? Von diesem finstern, stolzen Prachtgebäude, welches zugleich Kloster, Schloß, Kathedrale und Mausoleum ist? Kein anderer Mensch als ein Philipp II. konnte es erdenken. Das achte Wunderwerk der Welt nennen's die Spanier. Anlaß zu seiner Erbauung war ein Gelübde. Philipp hatte nämlich in seinem Kriege mit den Franzosen den letztern am Laurentiustage 1557 bei St. Quentin eine Schlacht geliefert. Als der Sieg für ihn entschieden war, dankte er dem Heiligen des Tages und gelobte, sein Versprechen zu halten.

Der Escorial beschäftigte 15 Jahre lang 12 000 Menschen. Dieser größte Palast Europas liegt sechs Meilen nordwärts von Madrid in einer ziemlich öden Gegend. Er bildet ein Viereck, wovon jede Seite 740 Fuß lang ist. Die vordere Front mit den drei Haupteingängen nimmt das Kloster ein. 200 Mönche wurden hier, umgeben von fürstlicher Pracht, fürstlich gepflegt. 900 Zimmer und Säle nimmt die königliche Wohnung ein. Überaus herrlich ist die Kathedrale; sie ist eine treue Nachahmung der Peterskirche in Rom und nicht viel kleiner als diese. Das Dach des Hauptdomes ist vergoldet. 48 Altäre sind Meisterstücke der Kunst. Unter dem Hochaltar ist das Mausoleum der spanischen Könige. Dieser unterirdische Totenpalast ist das Edelste, was in seiner Zeit jemals erdacht worden ist. Um eine Vorstellung davon zu erhalten, denke man sich das römische Pantheon in die Tiefe der Erde versetzt. In dieser ungeheuren Rotunda strahlt das Licht von 300 Kerzen an den mit Jaspis, Chalzedon und Gold ausgelegten Wänden und Decken wider; nur allmählich lernt das Auge den Abglanz so vieler Pracht ertragen. *(Meyer's Universum, 1839)*

Eine breite Marmortreppe führt in die Königsgruft. Sie bildet einen achteckigen Raum, der durch eine Kuppel geschlossen ist. Längs der acht Wände stehen in waagerechten Nischen, je vier übereinander, die Marmorsärge der spa-

Der Grundstein zum Escorial wurde 1563 gelegt. Der Barockbau bedeckt eine Fläche von 207 x 161 Meter.

nischen Könige von Karl V. an. Die Särge sind alle von derselben Größe und Form und tragen auf messingnem Schilde den Namen der Person, deren Reste sie einschließen. Acht oder neun der Särge sind aber bis jetzt noch leer. *(A. L. von Rochau, 1892)*

Granada, Alhambra. Wir waren in Granada. Zwei Hügel erheben sich innerhalb der Stadt, die Alhambra und der Albaicin, dieser ist jetzt der Wohnort der Schmuggler und Zigeuner, auf jener befindet sich das Maurenschloß, welches wir im engeren Sinn Alhambra nennen. Von dem maurischen Palaste selbst ist, auch wenn man dicht davorsteht, wenig mehr als die Außenmauer zu sehen. Er birgt alle Zierlichkeit, allen Reiz in seinem Innern. Durch eine unscheinbare Pforte trete ich ein und wende mich zur Rechten. Wie durch einen Zauberschlag bin ich mitten im Orient im Löwenhof, dem schönsten Patio der Alhambra. Er ist ein Oblongum (= ein länglich-rechteckiger Bau), von Säulenhallen umgeben, die auf den Schmalseiten zu zwei, mit runden Kuppeln überwölbten Pavillons vortreten - einer der poetischsten Plätze auf Erden. In der Mitte des offenen Hofes befindet sich der Löwenbrunnen, von dem schon soviel Dichter gesungen haben.

Der Duft der Orangen und Limonen aus dem benachbarten Orangenhof dringt herein und mischt sich mit dem Wohlgeruch der blühenden Akazien. Die Nachtigallen flöten schmelzend in den Gärten der Alhambra, der süße Klang tönt zu mir, während ich, auf orientalische Weise kauernd, mich auf dem Steinboden niederlasse. *(G. von Beaulieu, 1892)*

Die Anfänge der Alhambra bei Granada gehen auf einen maurischen Palast aus dem 13. Jahrhundert zurück.

Portugal

Lissabon. Prächtig ist der Anblick von Neapel, Genua, Venedig, reizend der von Stockholm und Messina, kolossal der von Konstantinopel: aber weder an Größe noch an Schönheit übertreffen sie den von Portugals Hauptstadt, dem Tore Europas.

Von Almadas Felsenbastei, dem günstigsten Standpunkt für die Betrachtung Lissabons, schweift der Blick über den majestätisch sich fortwälzenden Tejo, und jenseits thront in malerischer Gruppierung die Königsstadt. Almada ist eine Festung, welche die Hauptstadt von dieser Seite des Tejo beschützt.

Nur der Hauptteil Lissabons, der auf den drei Anhöhen, ist im Bilde sichtbar. Auf dem Hügel links liegt das prachtvolle Kloster Penha de França, die Spitze des zweiten bedeckt die Kirche von Nossa Senhora de Monte, vom Rükken des rechten Hügels schimmern die Türme von St. Vincente, in welcher die Leiber der lusitanischen Könige ruhen.

Unter den Kirchen und Klöstern (letztere zum Teil magnifik von stadtgroßem Umfang) zeichnet sich die uralte Patriarchalkirche aus, die unermeßliche Schätze an Kunstgegenständen und Reliquien bei einem königlichen Einkommen von 700 000 Talern besitzt. Lissabons Lage ist nach allen Seiten hin offen; die meisten Straßen der Stadt sind uneben, ungerade, oft mit Gärten und Weinbergen unterbrochen. Der schönste Stadtteil ist O Meja, derjenige, welcher nach dem Erdbeben vom 1. November 1755 auf den Trümmern von 16 000 Häusern, welche 30 000 Menschen erschlugen, neu gebaut worden ist. Er hat gerade Straßen, nicht zu hohe Häuser und große Plätze. *(Meyer's Universum, 1835)*

Lissabon ist ganz anders als spanische Städte. Vor allem bietet es einen scharfen Gegensatz zu den halb arabischen andalusischen Orten. Es besitzt breite, gerade Straßen, die freilich auch in ein Gewirr enger, bergansteigender Gassen münden, doch im ganzen herrscht die gerade Linie, die lichte Breite vor. Große, grünbestandene Plätze mit weißen Standbildern unterbrechen die Straßen, meist mit dem zierlichen Pfefferbaume oder der schatten-

Blick auf Lissabon und den Tejo von Almada aus, einer Befestigungsanlage über dem seenartig breiten Fluß.

spendenden Platane bestanden; Palmen sieht man wenig.
Die Fassaden der Häuser sind oft vollständig mit glasierten Kacheln in Gelb und Schwarz, Blau und Rot, Grün und Gelb bedeckt; andere sind rot, dunkelgelb oder braun bemalt, was der Stadt ein buntes, fremdartiges Gepräge verleiht. An den Balkons und Fenstern sieht man viele leuchtend gefiederte Papageien an Ketten oder mit gestutzten Flügeln, ein Beweis, daß man sich in einem Hafenorte befindet. Denn Lissabon ist, obwohl nur am Tejo, nicht am Meere gelegen, eine Seestadt ersten Ranges. Der Tejo bildet hier ein seeartiges Bekken, das nur durch eine schmale, hügelige Landzunge vom Atlantischen Ozean abgeschlossen ist; sein Wasser schlägt Wellen wie das Meer. *(G. von Beaulieu, 1892)*

Porto. Im romantischen Tal des Douro, unfern des Atlantischen Ozeans, liegt Porto, die Hauptstadt des nördlichen Portugal, die zweite Stadt des Königreichs. 15 000 Häuser, mehr als 100 Kirchen und Klöster und 80 Paläste bedecken die beiden Gestade des Flusses. Am schönsten nimmt sich Porto aus von Villanova herüber. Zu den Füßen des Beschauers wälzt sich da der breite Douro, und jenseits ranken sich üppig Portos prächtige Häusermassen durch das Grün der Weingärten.
Der Fluß ist mit Schiffen und Schiffchen bedeckt, das Ensemble ist ein erquickendes Bild voller Leben und Regsamkeit. Die stärkste Triebfeder des hiesigen Verkehrs ist der berühmte Portwein, der in der Umgebung wächst. Das meiste geht nach England, alljährlich 30 000 bis 45 000 Stück. Alle großen Geschäfte Portos ruhen in den Händen englischer Häuser. *(Meyer's Universum, 1835)*

Die Stadt Porto am Douro geht auf eine römische Siedlung zurück. Hier wird der berühmte Portwein verladen.

Griechenland

Athen. Endlich um fünf Uhr bog das Schiff um die vorspringende Bergzunge des Piräus und lief in den geräumigen Hafen ein. Wir schifften uns sogleich zur Fahrt nach Athen aus. Der Weg von Piräus nach Athen erfordert zu Wagen etwa eine Stunde Zeit. Er ist gut chaussiert, selbstredend sehr staubig und führt durch Felder, Weinberge und ganze Wälder meist uralter Ölbäume, die nachweislich der Zeit des Perikles entstammen.
Endlich trat rechts in seinem rötlichweißen prachtvollen Marmorbau der berühmte Theseustempel dicht an die Straße heran, und unfern über ihm, die neue Stadt weithin überragend, begrüßten uns jene merkwürdigen Reste ehemaliger Pracht, welche die Akropolis noch jetzt zu einem der ersten Wunderplätze der Baukunst und der Kunst überhaupt erheben.
Wir fuhren in die Stadt ein, die zumal in den neueren Stadtteilen einige leidliche Straßen und sehr hübsche Häuser zeigt. Ob man indessen recht getan hat, die neue Stadt gerade auf die Trümmer des alten Athen zu setzen und dadurch vielleicht Schätze höchster Bedeutung unter Hütten und Straßenpflaster zu vergraben, das ist eine Frage, die nur eine einzige Beantwortung zuläßt. Wäre man von vornherein so weise gewesen, die neue Hauptstadt des griechischen Reichs nach Piräus zu verlegen, dann würde sie, ohne der Lage nach schlechter geworden zu sein, im Angesicht von Salamis und dicht an dem »weitaufrauschenden Meere« wahrscheinlich sich schnell zu einer blühenden Handelsstadt entwickelt haben, während jetzt der Entwicklungsprozeß nur langsam und schwer in seine normale Bahn gelangen kann. *(E. H. Bitter, 1892)*
Der Hügel der Akropolis erhebt sich etwa 350 Fuß hoch am südlichen Ende der Stadt. In der ältesten Zeit war er die Stadt selbst; erst unter Theseus breiteten sich die Wohnungen am Fuße des Hügels aus. Die Propyläen, in der Mitte das große Tor und zur Seite die gewaltigen Seitenflügel, gehören zu den vollendet-

Der Theseus-Tempel auf dem Markthügel von Athen ist der besterhaltene Tempelbau aus altgriechischer Zeit.

sten Bauten der vollendetsten Kunstblüte. Aber die Säulen sind verstümmelt, das Dach ist zertrümmert. Weiter geht es zum Parthenon, dem schönsten und größten Tempel des Altertums. Wohl erfüllen uns diese hochaufstrebenden Säulen durch ihre Formen mit Bewunderung, aber auf den ersten Blick vermag die Phantasie nicht, aus der gräßlichen Verstümmelung, der auch dieser Bau unterlegen ist, sich das Ganze wiederherzustellen. Man muß öfter diese Trümmer betrachten und das Studium der Alten in lebendige Verbindung setzen; dann werden allmählich auch diese Ruinen zu lebendigen Bildern der untergegangenen Herrlichkeit. *(A.W. Grube, 1868)*

Rhodos. Die Hauptstadt der östlichsten Insel des Ägäischen Meeres ist an der Nordostspitze gelegen, eine schöne, doch nicht übermäßig bevölkerte Stadt, amphitheatralisch an der Küste hinauf gebaut und mit einem doppelten Hafen versehen. Unter den Sehenswürdigkeiten der Stadt wird als eines der sieben Weltwunder die kolossale, dem Helios geweihte Statue hervorgehoben. Von Chares verfertigt, kostete sie 300 Talente und war 70 Ellen hoch; fabelhaft aber ist die Angabe, daß dieser Koloß von Rhodos mit gespreizten Beinen über dem Eingang des innern Hafens gestanden habe und daß die größten Schiffe mit vollen Segeln unter ihm hin hätten segeln können. Ein Erdbeben stürzte ihn um 138 v. Chr. Gegenwärtig bildet die Insel Rhodos mit acht benachbarten kleinen Inseln das Liwa Rhodos des türkischen Elajets Dschesairi. Die Milde des Klimas und die reine Luft machen die Insel zu einem höchst gesunden Aufenthalt. Ihre Hauptstadt Rhodos ist der Sitz eines Paschas. *(Neues Konversations-Lexikon, 1868)*

Die Insel Rhodos war schon in mykenischer Zeit dicht besiedelt. Ansicht der Stadt aus dem Jahre 1830.

Rumänien

Bukarest. Der Abend sinkt herab, als sich der Zug Bukarest nähert. Die Stadt entfaltet sich dem entzückten Auge wie ein unermeßliches Panorama; ihre mehr denn 200 Metallkuppeln und Zinkdächer, hier und da von dichtem Grün umgeben, glänzen in der Sonne wie Gold; die Unregelmäßigkeit der Straßen und der barocke Baustil der Häuser, so unangenehm für den Freund der geraden Linie und so ermüdend für den Fußgänger, der in diesem Labyrinth umherirrt, bilden, in der Entfernung gesehen, nur einen Reiz mehr und lassen, vereint mit der reichen Vegetation, die man stellenweise antrifft, die Stadt wie einen großen orientalischen Garten erscheinen. Der fesselnde Eindruck wird erhöht durch die wunderbare Farbenpracht des südlichen Himmels, der bald tiefblau, bald in den herrlichsten Farbenvariationen, bald mit goldumsäumten Wolken bedeckt, sich über der Stadt wölbt. Betrachtet man die Stadt näher, so erscheint es einem, als ob dieselbe einen Komplex von Dörfern bilde, in welche sich wie durch Zufall stellenweise einige Häuser verirrt haben, die in ihrem Äußern nach wert sind, einer größeren Stadt anzugehören.

Im Mittelpunkt, wenn man den Theaterplatz als Ausgangspunkt nimmt, findet man mit Ausnahme der unvermeidlichen Unregelmäßigkeit der Straßen eine ganz europäische Stadt. Dies ist das rote Viertel, um das rings die anderen Quartiere herumliegen. *(R. Kunisch, 1892)*

Seit 1862 ist Bukarest die Hauptstadt Rumäniens. Um 1800 gab es hier rund 6000 Häuser mit 50 000 Einwohnern.

Jugoslawien

Belgrad. Die Stadt liegt am Einfluß der Save in die Donau; es ist die Hauptstadt und Hauptfestung des Königreichs Serbien oder des Paschaliks Belgrad. Der ganze Platz, auf welchem Belgrad steht, ist ein felsiger Hügel, dessen Gipfel genau im Winkel der Erdzunge liegt, welche die Donau und Save bei ihrer Vereinigung bilden. Dieser Gipfel trägt die Zitadelle, den Wohnsitz des Paschas, von wo die Donau und Save bestrichen werden können. Wenn man am Belgrader Ufer anlangt, versammeln sich die Serben haufenweise, erkundigen sich nach Bekannten in Sirmien (= serbische Landschaft), um Neuigkeiten im österreichischen Kaiserstaat und laden auch ganz Unbekannte zu sich auf ein Frühstück oder Mittagsmahl ein und bieten mit Herzlichkeit an, was die Speisekammer und der Keller vermögen.

Belgrad besteht aus vier Teilen: 1. Die Festung, die mit hohen Mauern und dicken Türmen umgeben ist, einen dreifachen Graben, Minen und bombenfeste Kasematten hat, und wo sich außer dem Pascha auch die Hauptmoschee befindet. 2. Die eigentliche Stadt oder Palanka. 3. Die Wasserstadt im Norden, mit eigenen Mauern, Wall und Graben: der bestgebaute Teil der Stadt, mit Basaren oder Marktplätzen, aber ohne Pflaster. 4. Die Raitzenstadt mit Mauern und Palisaden.

Belgrad hat 14 Moscheen, zum Teil nur aus Holz gebaut, und mehrere ganz wüste Plätze. Die Zahl der Einwohner gibt man mit 30000 an. *(G. C. B. Rumy, 1826)*

Belgrad, an der Mündung der Save in die Donau gelegen, wurde im 19. Jahrhundert zum Zentrum Serbiens.

Ungarn

Budapest. Wer sich gleich beim Eintritt der vollen Schönheit der Lage von Budapest bewußt werden will, muß sich von der Flut des mächtigen Stromes dorthin tragen lassen, muß an der waldigen Margareteninsel vorüber dem prächtigen Stadtbild entgegenschwimmen. Dann tritt ihm sofort das Charakteristische der beiden durch den Strom getrennten und durch drei grandiose Brücken wieder miteinander verknüpften Stadthälften ins Auge: das linke, östliche Ufer, auf dem Pest sich ausbreitet, ist weithin flach und eben; das rechte, wo Buda sich erhebt, steigt in seinem südlicheren Teil dicht am Strom zu steilen, trotzigen Höhenrücken auf, die in dem schroff gegen die Donau abfallenden Blocksberg gipfeln. Buda wirkt am eindrucksvollsten als Ganzes durch diese natürliche Bodenbildung, Pest allein durch seine architektonische Anlage. Hier legt unser Dampfer an. Eine stattliche Reihe von Palästen, großen Hotels und öffentlichen Gebäuden zieht sich am Ufer hin. Sie maskiert sehr wirksam die dahinter liegende Stadt Pest mit ihrem Gewirr von Straßen und Gäßchen, die zum großen Teil noch das Ansehen der früheren bescheidenen und schmucklosen ungarisch-deutschen Landschaft bewahrt haben. Aber dazwischen sind Straßen erwachsen, die durch Großartigkeit der Anlage und Vornehmheit der Ausführung die Hauptstadt zeigen. Ihre schönste ist die breite Andrassy-Straße, welche ihren großstädtischen Charakter, je mehr sie der Peripherie der Stadt sich nähert, um so deutlicher in den einer anmutigen Villenstraße wandelt. Hier ist nichts Fremdartiges, nur die größere Lebhaftigkeit und die Menge scharf charakteristischer Köpfe, die man in den Straßen der Stadt sieht, fällt auf, und genießerisch beobachtet der Fremde die Menschen in ihren mancherlei bunten Trachten. *(L. Pietsch, 1892)*

Das Stadtgebiet von Budapest liegt beiderseits der Donau: westlich des Stroms Buda und östlich Pest.

Tschechoslowakei

Prag. Schon in älteren Zeiten wurde Prag den schönsten und berühmtesten Städten zur Seite gestellt. Man verglich es mit der siebenhügeligen Roma, mit dem herrlichen Florenz, mit Lyon, mit Konstantinopel, mit Jerusalem, mit Moskau. Mögen die Vergleiche auch hinken, einen Vorzug muß man Prag vor fast allen großen Städten zuerkennen: den Vorzug der herrlichen Lage. Halb im Tale an einem breiten, spiegelglatten Flusse sich ausbreitend, halb sich auf Anhöhen amphitheatralisch emporhebend, mit einem reichen Diadem von Türmen bekränzt, bringt Prag auf jeden Fremden gleich beim ersten Anblick einen ergreifenden Eindruck hervor.

Den malerischsten Anblick gewähren unstreitig der Hradschin und die Kleinseite, beide am linken Moldauufer. In einem Halbkreise umwindet sie der Höhenzug: er bildet einen Bogen, als dessen Sehne die Moldau betrachtet werden kann. Der eine Teil dieses Bogens, der Laurenzberg, ist an seinem Gipfel mit einer zackigen Mauer geziert; imposant ist die andere Hälfte des Bogens: auf ihr thront in majestätischer Größe der Hradschin mit seiner Kaiserburg und seinen Palästen.

Nicht so malerisch ist die Lage der Altstadt, welche, und mit ihr ein großer Teil der Neustadt, von einer Krümmung der Moldau umschlungen fast ganz eben liegt. Gegen Süden erst steigt die Neustadt allmählich an, und die Gruppierung wird immer pittoresker.

Die Stadt ist ringsum mit starken Mauern, Wällen, Bastionen und mit Gräben umgeben, die nur durch die Moldau unterbrochen werden. Eine der großartigsten Zierden des an kolossalen Bauwerken überreichen Prag ist die steinerne Moldaubrücke. Auf sechzehn weiten Bogen spannt sie sich kühn über den Strom. Sie ist ganz aus Quadern erbaut. *(C. A. Schimmer, 1848)*

Blick über die Moldau und Karlsbrücke auf den Hradschin von Prag und den gotischen Sankt-Veits-Dom.

Österreich

Wien. Rasch eilt das Schiff auf der Donau der Kaiserstadt zu. Eine Menge Türme stellen sich dar. Paläste und prächtige Gebäude präsentieren sich von allen Seiten, und man wird von deren Schönheit entzückt, wenn man noch nie in Wien war.

Wien, die Hauptstadt von Niederösterreich und des ganzen österreichischen Kaiserstaats und die Residenz des Kaisers von Österreich, gehört unter die größten und schönsten Städte Europas. Wenn man die Kaiserstadt samt ihren Vorstädten und nächsten Umgebungen mit einem Blick und gleichsam wie auf einem Panorama überschauen will, so steige man auf den St.-Stephans-Turm. Da sieht man gegen Osten bis an die Berge bei Haimburg und Preßburg, gegen Norden über die grünenden Donauinseln an die mährischen Grenzen, gegen Süden bis an den Schneeberg und die hinter demselben befindlichen steirischen Gebirge.

Wien ist die erste Fabrikstadt des Kaiserstaats. Die Manufakturen und Fabriken beschäftigen gegen 60000 Menschen. Die Menge der Künstler, besonders der Maler, Zeichner, Kupferstecher und Lithographen, ist außerordentlich groß. Wien ist zugleich der Mittelpunkt des österreichischen Handels und das Depot des gesamten Geldumlaufs. In Wien sind gegen 70 Kaffeehäuser, viele Gasthöfe usw. Wien hat fünf Schauspielhäuser. Als große öf-

Die Ferdinandsbrücke und ein Teil der Leopoldstadt in Wien, um 1850 von der Roten-Turm-Bastei aus gesehen.

fentliche Promenaden stehen dem Publikum der Prater, die Brigittenau, der Augarten und verschiedene öffentliche und Privatgärten zu Gebote. Zum schnellen Fortkommen stehen 650 numerierte Fiaker vom Morgen bis zur Mitternacht bereit. *(G. C. B. Rumy, 1826)*

Schloß Schönbrunn. Das kaiserliche Lustschloß Schönbrunn, die gewöhnliche Residenz des Kaisers, wurde an Stelle eines 1683 durch die Türken zerstörten kaiserlichen Jagdschlosses 1695 für den nachmaligen Kaiser Joseph I. von J. B. Fischer von Erlach nach einem überaus großartigen Plan begonnen, blieb aber beim Tode des Kaisers (1705) unvollendet, bis die Kaiserin Maria Theresia, die sich mit Vorliebe in Schönbrunn aufhielt, 1744 nach neuen Plänen von Nicolaus Pacassi den Bau wieder aufnahm. Ihr und ihrem Sohne Joseph II. verdankt das Schloß seine jetzige Gestalt. In der Gesamtausdehnung wetteifert es mit dem Vorbilde aller damaligen Fürstenschlösser, Versailles, doch beschränkt sich das eigentliche Schloß, dessen Mittelbau unter Maria Theresia um ein Stockwerk erhöht wurde, auf eine Länge von 200 Meter. Das Schloß enthält mit seinen Nebengebäuden 1441 Gemächer und 139 Küchen. Gezeigt werden (nur in Abwesenheit des Kaisers) die Zimmer der Kaiserin Maria Theresia, die Räume, in denen 1805 und 1809 Napoleon I. sein Hauptquartier hatte und sein Sohn, der Herzog von Reichstadt, 1832 starb, die große Galerie, die Schloßkapelle und das 1763 angebaute Theater. *(K. Baedeker, 1913)*

Das ehedem kaiserliche Lustschloß Schönbrunn verdankt seine heutige Gestalt vor allem Kaiserin Maria Theresia.

Innsbruck. Die alte freundliche Hauptstadt des Landes Tirol liegt ausgebreitet im Unter-Inntal. Ihre Türme ragen sonnenvergoldet in die Luft, von den flachen Dächern der Häuser flattert blankgewaschenes Leinenzeug gleich Wimpeln, als müsse man sich beeilen anzukommen, ehe die schöne Stadt auf dem Inn davonsegelt.

Die Bewohner sind treuherzig, gutmütig, trotz ihres äußeren Ernstes lebensfroh, arbeitsam und noch immer Freunde öffentlicher Aufzüge, was sich bei ihren Prozessionen, Leichenbegängnissen und Volksfesten am deutlichsten zeigt. Die Häuser sind größtenteils aus Stein, gewöhnlich vier- bis fünfstöckig und im ganzen von gefälliger Bauart.

Auf einem zwei bis vier Schuh hervorspringenden Erker des Kanzleigebäudes steht das bekannte goldene Dach, eigentlich aus vergoldeten Kupferschindeln, welches Friedrich mit der leeren Tasche für eine Summe von 30000 Gulden erbauen ließ. Hoftage, Zusammenkünfte hoher Häupter, fürstliche Beilager und Feste aller Art haben einst dazu beigetragen, die Stadt zu heben, bis sie, nach Tirols Vererbung an Österreich, der Wohnsitz der tirolischen Landesfürsten wurde.

Unter ihrem hohen Gönner, Max I., erschien sie zum ersten Mal auf dem Kampfplatz der Weltgeschichte. Ferdinand II., der fromme Stifter und Begründer so vieler Denkmäler seiner Religiosität, Max II., der Deutschmeister, Leopold I. und Maria Theresia schmückten Innsbruck mit Kunstgegenständen, Bauten und Anstalten und verhalfen ihm zu einem Glanz und einer Entwicklung, welche selbst von den traurigsten Ereignissen, als Feuersbrünsten, Erdbeben und feindlichen Einfäl-

Innsbrucks Goldenes Dachl, ein reicher spätgotischer Erker mit vergoldetem Dach, wurde anno 1500 errichtet.

len, nur auf kurze Zeit gehemmt werden konnten, indem keine Prüfung ohne Gewinn für die Stadt vorüberging.

In der neueren Zeit schritten trotz aller Stürme Wohlstand und Bildung im stillen unvermerkt fort, und schon zählt sie, ohne das Militär, die Studenten und die Fremden, gegen elftausend Bewohner in 612 Häusern. *(J. G. Seidl, um 1840)*

Pasterzengletscher. Der größte Gletscher der Glocknergruppe sowie der Ostalpen, der siebente im gesamten Alpengebiet, entspringt aus einem gegen Südost geöffneten Firnbek-ken, welches den größten Teil des Hauptstocks der Glocknergruppe einnimmt und von den Gipfeln des Großglockners, Johannisberges, der Hohen Riffel, der Bärenköpfe und des Fuscherkarkopfes überragt wird.

Das Firnbecken, der obere Pasterzenkees-Boden, ist bis zur Höhe von 2900 Meter sehr flach, dann aber folgt ein Absturz von 200 bis 300 Meter Höhe, der eine Zerklüftung der Firnmasse bedingt. Unterhalb dieser Stufe beginnt die Zungenbildung. Auch hier beträgt die Neigung der Eismasse nicht viel über drei Grad, ja stellenweise nur 25 Promille; die Breite der Zunge verringert sich von 1700 auf 1100 Meter. Bei 2300 Meter Höhe folgt abermals ein Eisbruch und sodann der flache Untere Pasterzenkees-Boden mit 900 Meter Breite. Das Gletscherende liegt etwas tiefer als 2000 Meter.

Die Pasterze bedeckt 32, die Zunge allein 8,6 Quadratkilometer, die Gesamtlänge ist 10,3 Kilometer. Die Pasterze zeigt alle Gletscherdetails in typischer Vollendung. Die beste Ansicht genießt man von der Franz-Josephs-Höhe aus. *(Brockhaus' Lexikon, 1898)*

Der Pasterzengletscher am Großglockner war schon im 19. Jahrhundert ein beliebtes Ausflugsziel für Bergwanderer.

Rußland

Moskau. Ich bin noch nicht zu mir selbst gekommen über den Eindruck, den die alte Stadt auf mich gemacht hat. Ich suche meine Gedanken zu ordnen und das Fremdartige zu bewältigen, indem ich es mit dem vergleiche, was ich bis jetzt in der Welt gesehen habe. Wenn ich von des Kremls hoher Terrasse über die ungeheure Stadt hinwegsehe, deren Häuser meistens hellgrüne Dächer haben und mit dunklen Baumgruppen umgeben sind; wenn ich die hohen Türme und unzähligen Kuppeln betrachte: dann fällt mir der Blick vom Hradschin auf Prag, von Buda auf Pest und von Monreale auf Palermo ein.
Doch hier ist alles anders, und der Kreml, der Mittelpunkt dieser kleinen Welt, kann mit nichts verglichen werden. Diese zwanzig Meter hohen Mauern mit ihren zackigen Zinnen, die riesenhaften Wachtürme, das gewaltige Schloß des Zaren, die Residenz des Patriarchen, der Glockenturm des Iwan Weliki, die vielen wunderlichen Kirchen - alles dies bildet ein Ganzes, das nicht zweimal in der Welt vorkommt.
Wer wie ich zum ersten Male von der Höhe des Kreml aus Moskau an einem warmen, sonnigen Tage betrachtet, dem wird es sicher nicht einfallen, daran zu denken, daß er sich hier unter demselben Breitengrad befindet, unter dem die Rentiere in Sibirien grasen und die Hunde in Kamtschatka die Schlitten über die Eisfläche ziehen. Moskau macht unbedingt den Eindruck einer Stadt des Südens, aber auch den, daß man vor etwas Fremdem, bisher Ungesehenem steht. Man glaubt sich nach Isfahan, Bagdad oder einem ähnlichen Orte versetzt, wo sich die Erzählungen aus Tausendundeiner Nacht ereignen. Obwohl Moskau nicht über 300 000 Einwohner zählt, bedeckt es doch mit seinen Häusern, Gärten, Kirchen, Klöstern zwei Quadratmeilen.
In dieser flachen Gegend ist es kaum möglich, weiterzusehen als über die äußersten Vor-

Im Moskauer Kreml, hier von der Moskwa aus gesehen, vereinigen sich Erinnerungen an Rußlands Vergangenheit.

städte; Häuser und Bäume scheinen sich bis zum Horizont zu erstrecken. Keine Stadt der Welt - Rom nicht einmal ausgenommen - besitzt so viele Kirchen wie Moskau (jetzt 450). Jede von ihnen hat wenigstens fünf, einige haben sogar sechzehn Kuppeln, die mit glänzenden Farben übermalt, mit gefärbten, glasierten Ziegeln gedeckt und reich vergoldet oder versilbert sind. Sie funkeln deshalb auch in der Luft wie die Sonne, wenn sie sich halb über den Horizont erhoben hat. Selbst die schlanken Türme, welche zum Teil in bedeutender Höhe über den unzähligen Häusern und Gärten in die Luft ragen, entbehren nicht dieser glänzenden Zierde, und es gibt keinen Palast, der nicht mit einer Kuppel geschmückt wäre.
Die Häuser liegen fast immer in Gärten und zeichnen sich mit ihren weißen Mauern und hellgrünen oder rot gemalten, flachen Eisenblechdächern in sehr bestimmten Umrissen von dem dunklen Hintergrund der Bäume ab. Nur der älteste Teil der Stadt in der Nähe des Kreml, Kitaigorod oder die Chinesenstadt, bildet eine Stadt, wie wir sie kennen, wo das eine Haus an das andere stößt. Der ganze übrige Teil der Stadt scheint eine Sammlung von Landhäusern zu sein, zwischen welchen der Moskwafluß in großen Krümmungen läuft.
Im Kreml erheben sich das Palais des Zaren, die Residenz des Patriarchen, die Rüstkammer des Heeres und die vornehmsten Kirchen. Dort thronte seinerzeit die oberste weltliche und geistliche Macht. Die Klöster, welche größtenteils am äußersten Rande der Stadt liegen, bilden jedes für sich eine Festung. In Kitaigorod ließ sich der Handelsstand nieder; denn er bedurfte der Mauern, um seine Schätze aus China, der Bucharei, Byzanz und Nowgorod zu beschützen. Der andere, viel ausgedehntere Teil von Moskau wurde vom Adel erbaut, und lange, nachdem der erste Kaiser eine neue Hauptstadt auf Feindes Boden errichtet hatte, verschmähten die Magnaten des Reichs diesen Aufenthaltsort, indem sie festhielten an der Väter Sitte. *(H. Graf v. Moltke, 1877)*

Das Kloster des Iwan Welekoi am Stadtrand von Moskau, eines der zahlreichen Klöster der russischen Hauptstadt.

Kiew. Beneidenswert ist Kiews Lage im Herzen des eigentlichen Rußland, in der Mitte der gesegnetsten Provinzen eines jetzt unermeßlichen Reichs. Seine Mauern umspült der schiffbare Dnjepr. Die neue Maria-Himmelfahrt-Kirche ist eines der schönsten kirchlichen Gebäude Rußlands; merkwürdig ist, daß ihre vielen Reliquien sich durch alle Wandlung der Zeit unversehrt erhalten haben.
Die Hauptreliquien ruhen im »Allerheiligsten«: in einem mit Silberblech überzogenen Schrein liegt der Zeigefinger des heiligen Stephan und der Kopf des heiligen Wladimir; ein silberner Sarg umschließt die Überreste des heiligen Michael, des ersten Metropoliten Kiews. Unzählige andere Reliquien machen einen Schatz von vielen Millionen an Wert.
Das eigentliche Ziel der wallfahrenden Menge aber liegt unter der Erde, es sind die Katakomben, Kapellen und Kirchen im Innern des Berges. Eine bedeckte Galerie führt aus der Kirche zu dem Eingang der heiligen Grüfte. In diesen Höhlen sind die Leiber von mehr als hundert Heiligen aufbewahrt, welche nicht verwest, sondern ausgetrocknet sind. Sie liegen in Grabnischen, einige sind in halb oder ganz geöffneten Sarkophagen, bewacht von Mönchen, ausgestellt. Ein paar der Heiligen, angetan im Mönchsgewand, stehen sogar hinter Altären aufrecht und recken ihre pergamentartigen Hände den Gläubigen zum Kusse hin. In diesen Labyrinthen des Todes rastet nimmer das Leben der Andacht, Tag und Nacht ziehen die Pilger aus und ein.
Unfern breitet sich Neu-Kiew aus, der schönste Teil der Stadt mit seinem Kaiserpalast Podol. Der niedrigste Teil von Kiew, im Tal des Dnjepr, ist der größte. Hier ist der Sitz der Gewerbe, dort wohnen auch die Bankiers und Kaufleute, welche mittels der Kontraktge-

Kiew am schmutzig-gelben Dnjepr war einst ein berühmter Wallfahrtsort und wurde »Jerusalem Rußlands« genannt.

schäfte mit den großen Güterbesitzern der Ukraine und Podoliens in Landesprodukten jährlich zum Belaufe von 15 bis 20 Millionen Rubel verkehren. *(Meyer's Universum, 1840)*

Odessa. Als Graf Woronzow, der jetzige Gouverneur Neu-Rußlands, 1823 die Zügel der Verwaltung erfaßte, galt Odessa schon als die schönste Stadt in der Südhälfte des ganzen Reichs. Unter Woronzow haben Größe, Wohlstand und Handel Odessas zugenommen, und im vorigen Jahr zählte der auf hohem Gestade prachtvoll gebaute Ort bereits 62000 Bewohner, 8000 steinerne Häuser, nahe an 500 große Magazine und über 1000 offene Läden.

Theater und Oper fehlen nicht, um Odessa auch jeder ältern europäischen Stadt gleichzustellen. Der Handel ist unermeßlich; er beschäftigt jährlich an 1000 Seeschiffe. Getreide bildet den Hauptartikel im hiesigen Verkehr. Konstantinopel, Syra, Zante, Livorno, Genua und Marseille sind die Märkte, wohin es vornehmlich Weizen - in machem Jahr zum Werte von 20 Millionen Rubel - verführt. Talg geht in großen Quantitäten nach England, Leder nach den italienischen Märkten. Auch die Wollausfuhr ist bedeutend. Die Einfuhren bestehen in Kolonial- und Manufakturwaren. *(Meyer's Universum, 1837)*

Odessa liegt etwa zwanzig Stunden von Sewastopol entfernt und ist der nördlichste Hafen im Schwarzen Meer. Wir zogen die Reiseführer zu Rate und waren hocherfreut zu erfahren, daß es in Odessa keine Sehenswürdigkeiten gäbe; also hatten wir einen vollen ungebundenen Ferientag zu unserer Verfügung, hatten nichts zu tun, als in der Stadt herumzutrödeln und uns gut zu unterhalten. Wir beschlossen die Lustbarkeit mit einer Eiscremeorgie. *(Mark Twain, 1867)*

Odessa am Schwarzen Meer ist eine Gründung Katharinas II. aus dem Jahre 1794. Hier das Stadtbild um 1830.

Polen

Warschau. Die Hauptstadt des Königreichs Polen wurde 1587 durch Sigismund III. ständige Residenz der Könige und Mittelpunkt des polnisch-nationalen Lebens. Warschau, das an der Weichsel liegt, trägt überwiegend das Gepräge der neuern Zeit und ist so weitläufig angelegt, daß seine Umfassungslinie mehr als viertehalb deutsche Meilen beträgt. Die Stadt hatte 1839: 136102 und 1865: 235811 Einwohner; sie ist der Mittelpunkt der industriellen und kommerziellen Tätigkeit in Polen. Die Weichselschiffahrt, zwei große Messen und ein Wollmarkt machen Warschau zu einer wichtigen Handelsstadt.

Bei einer Rundschau von der Kuppel der evangelischen Kirche erstaunt das westeuropäische Auge über die Menge von Gärten, unbebauten Plätzen und geräumigen Höfen. Nur die nicht sehr umfangreiche Altstadt mit ihrer gotischen Kathedrale, ihren hohen Giebelhäusern und engen Gassen macht einen ähnlichen Eindruck wie die deutschen Reichsstädte und bezeugt so ihren mittelalterlichen Ursprung. Die Straßen sind überall reinlich und gut gepflastert; in manchen Stadtteilen, wie in der Krakauer Vorstadt oder in der »Neuen Welt«, gehört Warschau zu den schönsten Städten von Europa.

Am nördlichen Ende der Stadt liegt auf herrschender Anhöhe das zweistöckige Quadrat des früheren königlichen Schlosses mit den zwei großen Reichstagssälen. Ein Korridor führt zu der anschließenden katholischen Kathedrale St. Johann, die 1360 gegründet wurde. Im Süden der Stadt liegen die Lustschlösser Belvedere und Lazienki. Das letztere kleine Schloß befindet sich in einem reizenden Parke auf einer Insel, in einem kleinen, künstlich gemachten See, über den Brücken führen. Anmutige Spaziergänge innerhalb der Stadt bilden der zu dem schönen Krasinski-

Das Lazienki-Schlößchen in Warschau wurde von einem polnischen König gebaut. 1817 kaufte es Zar Alexander.

schen Palaste gehörige Garten, der wohl noch zweimal so große Garten bei dem sächsischen Palaste und dann die Alleen von Ujazdow, welche mit dem Prater in Wien wetteifern und besonders an Fest- und Sonntagen stark besucht werden, wo dann schöne Wagen durch die hohen Baumreihen rollen. Fast ganz Warschau wird von der 1832 aufgeführten Zitadelle, der Alexanderfestung, beherrscht. Seit der letzten Revolution sind viele bauliche Veränderungen vorgegangen. Es mag wenige Städte geben, die in so kurzer Zeit so bedeutende Umgestaltungen aufzuweisen hätten wie Warschau. *(H. A. Daniel, 1872)*

Krakau. Die Stadt, bis 1587 Haupt- und Residenzstadt von Polen und bis 1764 Krönungsstadt, liegt im lieblichen, fruchtbaren Tale der Weichsel. Krakau gewährt mit seinen vielen Türmen, Kirchen, Klöstern und Palästen und dem es hoch überragenden Schlosse einen imposanten Anblick. Dieses Schloß liegt auf dem alten sagenreichen Berge Wawel; es ist das größte, älteste und geschichtlich merkwürdigste Gebäude in Polen, von Mauern mit Schießscharten umgeben, im 14. Jahrhundert durch Kasimir den Großen gegründet. Als Residenz der Könige prächtig ausgestattet, wurde es 1796 von den Österreichern in eine Kaserne verwandelt; seit 1848 ist es zum festen Kastell mit Kaserne und Militärlazarett eingerichtet. Östlich stößt an das Schloß der 1359 unter Kasimir dem Großen geweihte Dom. An dieses Gebäude knüpfen sich die stolzesten Erinnerungen der Polen. In der Mitte, unter einer hohen Kuppel, ruhen in einem silbernen Sarge die Gebeine des heiligen Stanislaus. 18 Kapellen und 50 Altäre nehmen die Seitenwände ein. *(H. A. Daniel, 1872)*

Krakau um 1850. Die südpolnische Stadt war einst die Hauptstadt Polens. Ab 1795 gehörte sie zu Österreich.

Finnland

Helsinki (Helsingfors). Finnland ist ein armes, ödes Waldland, das für seine 224 Bewohner auf die Quadratmeile der meisten Mittel des Lebens entbehrt und fast jeden Bissen Brot vom Nachbarn, dem wohlhabenderen Estland, kaufen muß. Wer Finnland besuchen will, kommt gewöhnlich mit dem Dampfboot von Reval, welches regelmäßig nach Helsingfors fährt. Es ist immer eine unruhige Fahrt bei nebligem Wetter. Zwischen Riffen und Bänken führen nur zwei schmale Einfahrten in das Becken von Sweaborg, dem nordischen Gibraltar, das 1749 die Schweden gegen Rußland aufgeführt hatten. Auf Wargö, der größten der Felseninseln, erhebt sich ein terrassenförmig gebautes Kronwerk mit bombenfesten, in Fels gehauenen Magazinen.

Bei einer Wendung des Dampfers um ein Felseneiland fällt plötzlich der Blick auf den Hafen von Helsingfors. Das ist ein gar überraschender Anblick. Wer erwartet, in diesen Riffen ein zweites Petersburg zu finden? Dort steigt es empor, in jenen weitgedehnten Bauten des imponierenden Petersburger Stils, der es auf Massenhaftigkeit und Dekoration abgesehen hat.

Über einige Prachtgebäude erhebt sich die grandiose Kuppel eines griechischen Domes, die Front des Palastes vom Generalgouverneur, die Sternwarte. Man glaubt, das Leben und Treiben einer Stadt wie Petersburg müßte dahinterstecken. Doch die Bevölkerungsliste zählt nur 16000 Einwohner auf. In den langen, geraden Straßen begegnet man wenigen Menschen. Die jetzige Stadt hat keine historische Erinnerung, die über hundert Jahre zurückgeht. *(Meyer's Universum, 1856)*

Die finnische Hauptstadt Helsinki liegt auf einer Halbinsel und dem umliegenden Küsten- und Inselbereich.

Schweden

Stockholm. Drei Landschaften - Upland, Westermannland und Södermannland - umlagern den Mälarsee; an und in ihm liegt auch die Hauptstadt Stockholm. Die Lage der Stadt wird mit der von Konstantinopel und Neapel verglichen: jedenfalls hat sie eigentümlichen Reiz. Bald tief, bald hoch, an und zwischen Felsen, hier prächtig und regelmäßig gebaut, dort eng, winklig und einem Dorfe gleichend, mit mannigfaltiger Umgebung, bald Wiesen und Saatfelder, bald Schlösser und Landhäuser, überall Seebuchten, von einer Menge hin- und herkreuzender Schiffe belebt.

Im Hintergrund erheben sich Häuserterrassen über ein weit gedehntes Gestade; es erscheint eine Kirche mit runder Kuppel (die Katharinenkirche), ihr folgt eine zweite, und dann zeigt sich der Turm der Riddarholmkirche. Nun liegt das weite Becken den Blicken ausgebreitet, um welches sich Stockholm lagert. Das Wasser gleicht einer besonderen Stadt; denn unzählig ist die Menge der Boote, welche darauf umherschwärmen und wie Weberschiffe vom Ufer zur Rechten nach dem zur Linken eilends hinübergleiten.

Das Schloß, welches über die Holmen hinweg teilweise sichtbar geworden war, tritt nun voll und mächtig aus den Häusern umher hervor; es erhebt sich unweit der Nordbrücke auf einem Hügel über den Hafen und ragt über die ganze Stadt, die es wie eine Mauerkrone schmückt.

Die keusche und einfache Majestät des 1753 vollendeten Gebäudes und seine bewundeungswürdigen Verhältnisse machen es zu einem der schönsten Königsschlösser von Europa. *(H. A. Daniel, 1872)*

Die schwedische Hauptstadt Stockholm mit der Norrbro, der 1797 vollendeten 115 Meter langen Nordbrücke.

Dänemark

Kopenhagen. In Kopenhagen, mit einem Siebzehntel der dänischen Gesamtbevölkerung, konzentriert sich der Staat: Kopenhagen ist Dänemark wie Paris Frankreich, der Rest ist ohne alle Bedeutung, er liefert nur die Mittel, daß Kopenhagen leben kann.

Eine Hauptstadt wie Kopenhagen erscheint allerdings für den kleinen Staat fast zu groß; die übrigen Städte des Landes haben zusammen keine 400 000 Einwohner. Die Hauptstadt hat kein Hinterland, welches sie versorgen könnte; sie führt ein, was sie selbst verbraucht, und führt aus, was Ackerbau und Viehzucht in Seeland geben: das ist ihr kommerzieller Verkehr. Dazu kommen Reederei, Fischerei und was die glückliche Lage am Sund für Vorteile bringt.

In der Hauptstadt drängt sich alles zusammen: Beamte und Militär, Gelehrte und Künstler, die höchsten Behörden des Staates, der Hof, der Adel und jeder, wer sonst unabhängig und vermögend ist. Kopenhagen hatte 1709: 85 965 und 1855: 143 000 Einwohner. Als Handelsstadt hat Kopenhagen einen großen Teil seiner Bedeutung eingebüßt, doch bleibt der Schiffsverkehr im Neuhafen, am Schloß und der Börse immerhin sehr beachtenswert. Die großen Warenmagazine am Hafen aus früherer Zeit haben freilich meist eine andere Bestimmung erhalten. Die Anzahl der Schiffe, welche Kopenhagener Reedern gehören, beträgt über 300. Im Durchschnitt laufen jährlich 6000 Schiffe ein. Der wichtigste Teil des Handels ist der Tran, überhaupt mit Erzeugnissen der Faröer, Islands und Grönlands.

Die Universität ist 1478 gestiftet worden; im Sommer 1867 hielten sich hier 900 Studenten auf. Kopenhagen ist auch Mittelpunkt der Wissenschaften für Dänemark.

Am Schloßplatz, auf dem Schloßholm, erhebt sich, gegründet auf 10 000 Pfählen, das Schloß Christiansborg. Groß und prächtig ist insonderheit der Rittersaal. Im Schlosse befinden

1443 wurde Kopenhagen Hauptstadt Dänemarks. Schon vorher war Kopenhagen als rege Handelsstadt berühmt.

sich die Bibliothek, Gemäldesammlung und das Museum der nordischen Altertümer. Isoliert auf dem Schloßholm steht die Börse, ein gotisches Gebäude, 1605-1615 erbaut, 400 Fuß lang und mit einem über 150 Fuß hohen Turme.

Schloß Frederiksborg. Der ganze Weg von Kopenhagen zu diesem Lustschlosse der Könige von Dänemark geht durch eine parkmäßige Landschaft. Kaum, daß man die letzten Häuserreihen Kopenhagens hinter sich hat, so empfängt uns der königliche Tiergarten, und unter schattigen Laubengängen hin kommen wir zu den Ufern eines buchtenreichen Sees, wo eine Fähre harrt, die den Reisenden übersetzt.

An den See, in dessen Mitte das Schloß auf einer Insel liegt, lehnt sich im Halbkreis das Städtchen Frederiksborg, dessen bescheidenes Äußere mit der Magnifizenz des stolzen Fürstenhauses einen malerischen Kontrast gibt. Zugbrücken führen über das schilfbewachsene Gewässer zu dem hohen Tore und in den mit gewaltigen Quaderstücken gepflasterten Vorhof. Das Schloß selbst ist aus Werkstükken in jenem Stil erbaut, der bei Prachtbauten des 17. Jahrhunderts üblich war.

Frederiksborg sollte eigentlich Christiansborg heißen, denn Christian IV. ließ das kaum vollendete Schloß niederreißen, welches sein Vater, Frederik II., aufgerichtet hatte, und stellte diesen Prachtbau an seine Stelle. Das Sehenswerteste ist der große Ritter- und Bankettsaal; Wände und Decken sind ganz mit der kunstvollen Holzschnitzerei bedeckt, und 26 Künstler, die besten ihrer Zeit, waren sieben Jahre an dieser Arbeit beschäftigt. *(Meyer's Universum, 1843)*

In neuerer Zeit hatte Frederik VII. seine ständige Residenz in Frederiksborg, bis ein Brand am 17. Dezember 1859 einen großen Teil des Gebäudes zerstörte. Den Wiederaufbau leitete der Direktor der Kunstakademie F. Meldahl. Das Innere ist auf Anregung des Brauers Dr. J. C. Jacobsen zu einem historischen Museum geworden. *(K. Baedeker, 1898)*

Schloß Frederiksborg, unweit Kopenhagen gelegen, gilt als großartigstes Bauwerk der dänischen Renaissance.

Großbritannien

London, Tower. Grämlich und düster blickt dieser uralte Schauplatz unzähliger Greuel mit seinen grauen Türmen über den ihn umgebenden Wassergraben. In einem dicht über demselben erbauten, ziemlich niedrigen Gewölbe ist die Pforte angebracht, durch welche die Staatsverbrecher hineingeführt wurden. Sie heißt das Tor der Verräter, Traitor's Gate; man brachte die Unseligen von der Themse bis zu diesem Eingange, der sich hinter ihnen oft für immer verschloß.

Eine alte Sage gibt Julius Cäsar für den ersten Erbauer dieser Veste an; die Geschichte aber sagt uns, daß Wilhelm der Eroberer in der Mitte des elften Jahrhunderts den Grund dazu legte, um seine vielgeliebten Londoner im gehörigen Respekte zu erhalten. Man sieht es dem sehr weitläufigen Ganzen an, daß kein fester Plan bei dessen Gründung vorwaltete, sondern während der Regierung mehrerer Könige bald hier, bald da daran gebaut und zugesetzt ward.

Jetzt gleicht der Tower fast einer kleinen Stadt; er umschließt in seinem Bezirke mehrere Straßen, eine Kirche, Magazine, Kasernen für die Garnison, Häuser für die Offiziere, Zeughäuser, die Münze, nebst Wohnungen für die dabei beschäftigten Offizianten und sonst noch mancherlei Gebäude. Ein breiter Wassergraben läuft ringsumher, und zwischen diesem Graben und der Themse befindet sich eine Art Terrasse, auf welcher sechzig Kanonen stehen, die bei feierlichen Gelegenheiten abgefeuert werden.

Der Tower wird, wie es bei Festungen Gebrauch ist, mit Sonnenuntergang geschlossen. Die Yeomen oder Ochsenfresser haben die Wache darin und dienen zugleich den besuchenden Fremden als Ciceronen. Hier sind sie ganz augenscheinlich am rechten Platze; ihre Kleidung und ihr ganzes Ansehen trägt gleich

Der Tower, die Zitadelle von London, ist das älteste Bauwerk der britischen Hauptstadt, erbaut ab 1078.

am Eintritte dazu bei, uns in frühe dunkle Jahrhunderte zu versetzen.
Die Kronjuwelen, welche der Tower aufbewahrt, zeigt man uns auf eine wunderlich ängstliche Weise. Der uns leitende Ochsenfresser öffnete uns eine kleine Tür, wir traten hinein und mußten uns alle in einer Reihe auf eine dastehende Bank setzen. Die Tür ward hinter uns abgeschlossen, und wir befanden uns in einem kleinen, steinernen, ganz dunklen Gewölbe wie in einem Gefängnis. Die unerwartete Finsternis blendete uns; es währte lange, ehe wir dicht vor uns ein starkes eisernes Gitter entdeckten und hinter demselben eine alte Frau zwischen zwei Lichtern.
Dieser etwas drachenähnliche Hüter unterirdischer Schätze zeigte uns viele Kostbarkeiten. Manches Stück davon war wegen der alten, mitunter sehr feinen Arbeit bemerkenswert. Alle diese Herrlichkeiten blitzten von köstlichen Edelsteinen. In der düsteren Höhle sahen sie wie ein von bösen Geistern bewachter Feenschatz aus; ihr Wert wird über zwei Millionen Pfund Sterling angegeben, ohne die seltenen Steine, deren Wert man gar nicht bestimmen kann. *(J. Schopenhauer, 1803)*

London, Bank von England. Unter den zur Unterbringung einer Bank bestimmten Baulichkeiten gilt die Bank von England, 1788 von John Sloane erbaut, als erstes großartiges Beispiel. Damals hielt man es noch für nötig, das Äußere der Bank fensterlos zu gestalten, um die Bank vor Einbruch zu sichern. Eine Säulenarchitektur belebt die Fassade.
Die britische Notenbank wurde 1694 nach einem von W. Paterson entworfenen Plan gegründet, und zwar als eine Gesellschaft von Staatsgläubigern, die für die Regierung eine Anleihe von 1 200 000 Pfund Sterling aufbrachten. Die Bank von England ist auch jetzt noch in ihrer Verwaltung von der Regierung durchaus unabhängig, und ihre Beziehungen zu der letztern sind nur geschäftlicher Art. *(Brockhaus' Lexikon, 1898)*

Zentralgebäude der Bank von England in London. Die berühmte Bank wurde 1694 als Privatunternehmen gegründet.

Schloß Windsor. An dem südlichen Ufer der Themse, zweiundzwanzig englische Meilen westlich von London, thront auf einer Anhöhe das alte stattliche Schloß von Windsor. Von dieser herab genießt man eine der ausgebreitetsten Aussichten auf die schöne, reiche Gegend umher. Wunderbar kontrastiert diese mit dem ernsten Anblick des Schlosses, seinen alten Mauern und mit Efeu umrankten Türmen.

Wilhelm der Eroberer erbaute dieses Schloß, kurze Zeit nachdem er sich zum Herrn von England gemacht hatte. Mit einer Mauer umgab es Heinrich I. und vergrößerte es. Später erwählte Eduard I. Windsor zu seinem Lieblingsaufenthalt, und Eduard III. ward hier geboren. Vorliebe für diesen Ort, an welchem seine Wiege stand, bestimmte diesen, das Schloß, welches er zu seiner Sommerwohnung wählte, nach einem neuen Plane prächtiger zu bauen. Auch König Karl II. wendete viel auf die Verschönerung von Windsor, und seit seiner Zeit blieb es der Lieblingsaufenthalt der Könige von England und ihre gewöhnliche Sommerwohnung.

Unter der Regierung Georgs III. ist ebenfalls manche Veränderung und Verschönerung damit vorgenommen worden. Der Schloßgraben ward ausgefüllt, ein Hügel, welcher die Aussicht gegen Morgen beschränkte, wurde geebnet, Festungswerke wurden abgetragen. Dennoch sieht das Schloß noch immer ehrwürdig und altertümlich genug aus, obgleich es viel von seinem ersten imponierenden Ansehen verloren haben mag.

Es hat zwei Höfe, den oberen und unteren;

Windsor Castle an der Themse ist das Stammschloß des englischen Königshauses und seine Sommerresidenz.

beide werden durch den sogenannten runden Turm, die Wohnung des Kommandanten, voneinander getrennt. An der Nordseite des oberen Hofes befinden sich die Staats- und Audienzzimmer, an der Ostseite die Appartements der Prinzen und gegen Süden die der vornehmsten Kronoffizianten. Der untere Hof ist wegen der St.-Georgen-Kapelle bemerkenswert. Die verschiedenen Säle und Staatszimmer zieren Tapeten und Malereien, bald von höherem, bald von geringerem Werte. An allen ist die Wirkung der Zeit sichtbar, und sie machen im ganzen keinen heitern Eindruck. *(J. Schopenhauer, 1803)*

Oxford. Durch herrliche Wiesen und Weiden gelangt die Themse nach dem alten berühmten Oxford. Es hat ungefähr drei englische Meilen im Umfange und über 20000 Einwohner. Mitten in einem fruchtbaren Tale liegend und von üppigen Wiesen und Kornfeldern umgeben, bietet es durch seine schönen Spaziergänge, herrlichen Gärten und ausgezeichneten Prachtgebäuden einen überaus schönen Anblick dar. Die Universität hat zwanzig Collegien (Colleges) und fünf Hallen (Halls), von denen jedes seine eigenen Professoren, Studenten, Einkünfte und Anordnungen besitzt, obgleich sie durch eine eigene Administration geleitet werden. Die ersten Stiftungsurkunden erhielt die Universität von König Johann; Karl I. gab ihr den Rang einer Communalität. Das älteste Collegium ist Mertons-College, 1264 von Walter de Merton, Bischof von Rochester, gegründet. Die Zahl der Studierenden beläuft sich derzeit auf ungefähr 3000. *(O. L. B. Wolff, 1843)*

Das kuppel- und türmereiche Oxford ist Sitz einer der berühmtesten und ältesten Universitäten der Welt.

Irland

Dublin. Größe, Bevölkerung und monumentaler Schmuck stellen die irische Hauptstadt der Metropole Großbritanniens zunächst, aber an Reichtum, Handel und Gewerbe wird sie von Liverpool, Glasgow und Manchester weit übertroffen. Dublin nimmt mit seinen 21000 Häusern, in welchen nahe an 300000 Menschen wohnen, einen Raum von vier englischen Quadratmeilen ein. Seine meisten Straßen sind breit, die größten öffnen sich auf weiten Squares, um welche glänzende Gebäude, Kirchen und Sitze der Behörden versammelt sind. Stephen's Green, Marrion's-, Fitzwilliam-, Rutland- und Mountjoy-Square sind magnifike Plätze, wie sie keine Königsstadt schöner besitzt.

Noch vor dritthalb Jahrhunderten war Dublin das Gegenteil von dem, was es jetzt ist. Die Stadt lag damals im Schoße eines Morasts; ihre Ungesundheit war so übel berüchtigt, daß zur Zeit der Königin Elisabeth das Ministerium den Vorschlag tat, die Stadt ihres Ranges zu entkleiden und die Landesverwaltung nach Belfast zu verlegen. Elisabeth aber schrieb auf den Rand des Geheimen Berichts: »Ich will Dublin nicht tot, sondern gesund machen.«

Sie ließ einen Plan zur Trockenlegung der Sümpfe und zum Neubau der Stadt vorlegen und hat dessen Ausführung bis an ihren Tod standhaft verfolgt. Aus dieser Umwandlung ist das heutige Dublin geworden. Bei aller äußern Schönheit fällt indes jedem, der aus England nach Dublin kommt, ein großer Unterschied auf. Die englische Reinheit fehlt, und man vermißt doch die allgemeine Wohlhabenheit einer englischen Stadt. Man sieht viel Lumpenvolk in den Straßen und viel müßiggehende Leute. Aber die Natur ist schön. Die

Dublin, die irische Hauptstadt, erstreckt sich zu beiden Seiten des Liffey, der die Stadt halbiert.

Universität macht durch ihre Masse Effekt, höhere Ansprüche auch haben der Justizpalast und das Zollhaus nicht. Das Theater ist ein recht hübsches Haus. Im Phönix-Park, dem Prater Dublins, hat der Vizekönig einen reizenden Sommerpalast, und Wellington und Nelson haben Standbilder und Ehrensäulen da. *(Meyer's Universum, 1844)*

Killarney. Die Stadt in der irischen Grafschaft Kerry, östlich in der Nähe der Seen von Killarney, ist Sitz eines katholischen Bischofs, hat ein Priesterseminar, Besserungsanstalt, Arbeitshaus, Irrenhaus und (1891) 5510 Einwohner. Killarney ist berühmt wegen seiner häufig besuchten und in Dichtungen vielgefeierten drei Seen, von denen der Obere See (Upper Lake, 178 Hektar) von steilen Felsen umgeben ist und vermittelst eines schmalen Kanals (Long Range) mit dem Torc oder Muckross Lake (383 Hektar), am Fuß des 538 Meter hohen Torc Mount, in Verbindung steht, den eine schmale waldige Landenge von dem größten und nördlichsten der drei Seen, dem Lough Leane (2080 Hektar), trennt. Letzterer ist von zahlreichen Inseln erfüllt und im Südwesten von malerischen bewaldeten Bergen begrenzt. An mehreren Stellen trifft der Besucher auf Ruinen alter Burgen (Ross Castle) oder kirchlicher Bauten (Abtei Muckross aus dem 14. Jahrhundert). Die Seen haben durch den Laune Abfluß nach der Dinglebay. *(Meyers Konversations-Lexikon, 1897)*

Killarney, stille Stadt, wird wegen seiner Umgebungen viel besucht, die an stimmungsvoller Schönheit von keinem andern Punkte der Britischen Inseln erreicht werden. Seen, Wälder und Berge vereinigen sich hier in fast unberührter Frische zu einem Bilde, dem die rasch wechselnden Beleuchtungseffekte der dunstreichen Atmosphäre manchmal einen zauberhaften Reiz verleihen. Das Klima ist mild. *(K. Baedeker, 1906)*

Killarney: »Seen, Wälder und Berge vereinigen sich hier in fast unberührter Frische. Das Klima ist mild.«

Niederlande

Den Haag. Von welcher Seite man sich Hollands Königsstadt nähert, immer geht der Weg an Kanälen hin. Immer werden sie belebt von Nachen und Schiffen, deren weiße Segel sich auf der unabsehlichen Ebene vielfach durchkreuzen. Kein Hügel hemmt die Aussicht, nur der Horizont beschränkt sie; Kirchtürme und Windmühlen blicken in unzählbarer Menge hervor. Je näher der Residenz, je stattlicher werden die Landhäuser; unmerklich reihen sie sich endlich zu breiten Straßen, in der Mitte von spiegelnden Wasserflächen durchzogen, und man befindet sich in der Hauptstadt - ohne es selbst richtig zu wissen. Denn obschon Residenz eines Königs und eine der prächtigsten Europas, hat sie keine Tore, und selbst ohne städtische Rechte, nennt sie sich das schönste Dorf der Erde. Haag ist aber wirklich ein Ideal von einer schönen und angenehm gebauten Stadt. Die nicht zu großen, aber heiteren Häuser, die langen, schnurgeraden Straßen, die freien Plätze, die herrlichen Baumpflanzungen und schattigen Spaziergänge an der Seite der von Schiffen belebten Kanäle, die reine Luft endlich, welche man hier atmet, verbunden mit allen Vorteilen, welche ein großer kunstsinniger Hof bietet, machen Haag unstreitig zum genußreichsten Aufenthalt in ganz Holland. Haag hat fast gar keine Fabriken, der lebhafte Verkehr und die Nahrung der bürgerlichen Stände ist lediglich auf die Bedürfnisse des Hofs und der Klasse der Beamten hingewiesen. *(Meyer's Universum, 1835)*

Amsterdam. Da sind wir in Amsterdam. Voll lebhaften Interesses schweifen unsere Blicke über die in einem weiten Halbkreise sich vor uns ausbreitende Stadt. Diese endlosen Giebelhäuser, die den Himmel zu berühren schei-

Den Haag, Regierungssitz der Niederlande, ausgezeichnet durch schöne Straßen, freie Plätze, stattliche Häuser.

nen, und darüber die Glocken und Kirchtürme, welche stolz ihre zierlichen Kuppelhauben erheben, die mit schwarzen Dokkengeländern verziert und mit lustigen Glokkenspielen ausgestattet sind - alles dies besitzt einen unsäglichen Reiz.
Rechts trägt die lutherische Kirche ihre wohlbeleibte Kuppel zur Schau; in der Mitte zeigt der Palast des Königs sein gewichtiges Helmdach; dann, zu beiden Seiten, strecken Wacht- und Glockentürme ihre schlanken und anmutigen Spitzen in die Lüfte empor und ragen über die Kirchen der Stadt hervor. Im Vordergrunde erheben die langen und mageren Häuser, gegeneinander gedrückt, gedrängt, geschichtet, ihre bräunlichen Fassaden. Die großen Bäume, welche ihre granitenen Außentreppen beschatten, bilden vor ihnen einen Wall von Grün, an dessen Fuß die Menge der Spaziergänger hin und her wogt.
Die Amstel, welche ihre Gewässer aus dem Rheine und der Vechte sammelt, durchströmt die Stadt, der sie ihren Namen gab, von Südosten nach Norden. Ganz Amsterdam ist ein wahres Wunder der Wasserbaukunst. Die Stadt ist nämlich auf tief gelegenem, feuchtem, sumpfigem Boden erbaut, der unter dem Tritt nachgibt und an Festigkeit dem Küstensande bei steigender Flut gleicht. Alle Häuser stehen daher auf Grundpfählen, die einst in Norwegen oder Schweden als Bäume gen Himmel ragten. *(F. v. Hellwald, 1892)*

Amsterdam entstand gegen Ende des 12. Jahrhunderts aus einigen Fischerhütten an der Mündung der Amstel.

Belgien

Brüssel. Mit sinkender Nacht erreichte ich durch das Laekener Tor die Haupt- und Residenzstadt Brüssel. Ein halb durchsichtiger Rauchschleier war über den weiten Raum der Stadt gelagert; Tausende von Gaslichtern blitzten wie helle Sterne daraus hervor, und Hunderte von Rauch ausstoßenden Feueressen sagten mir schon von der Ferne, daß Macht, Industrie und Gewerbe dort friedlich nebeneinander thronen.

Durch die schnurgerade Laekener Straße gelangte ich zum Mittelpunkte der Stadt. Dort werden die Straßen plötzlich enge, und statt der prächtigen Wohnungen im modernen Stil sieht man vorspringende Giebel der Straße zugekehrt, altertümliche Häuser aus den Zeiten Karls V. oder Philipps II., deren Stil an die spanische Herrschaft erinnert. In meinem Hotel auf der Grand Place nahm ich Quartier. Am andern Morgen begann ich die Wanderung durch die nahe an 100000 Bewohner zählende Stadt.

Den alten Kern ausgenommen, fand ich die Straßen regelmäßig, luftig, die Häuser wohlgebaut und von gefälligem Ansehen. Brüssel gehört unstreitig unter die schönsten Städte des festen Landes. Ich begann meine Revue des Curiosités mit dem Vis-à-vis meines Zimmers, dem Rathause nämlich, welches das schönste auf der ganzen Erde ist. Ich wüßte unter allen, die ich gesehen, kein schöneres Gebäude im lombardisch-gotischen Stil zu nennen; selbst in der Unregelmäßigkeit sieht man nichts als ein Übermaß von Reichtum der schaffenden Phantasie. Welche Begriffe gibt ein solcher

Brüssel, Hauptstadt Belgiens, war im Mittelalter Mittelpunkt der Handelsstraße von Brügge nach Köln.

Bau von dem Gemeingeist und der Kraft einer Bevölkerung, die ihn möglich machten! Der Turm ist ein wahres Wunderwerk, das wie leichte Filigranarbeit in tausendfach verschlungenen Formen 370 Fuß hoch in die Wolken steigt. Die kolossale Statue des streitfrohen Sankt Michael, von vergoldetem Kupfer, prangt auf der Spitze; mit dem flammenden Schwerte macht er den Wächter der Stadt. *(Meyer's Universum, 1837)*

Antwerpen. Soviel die Stadt Antwerpen durch Kriege gelitten hat, so ist sie immer noch vollkommen geeignet, den bedeutendsten Städten Europas an die Seite gesetzt zu werden. Schon im vierten Jahrhundert kommt Antwerpen vor, und im Jahre 630 wurde dort eine St. Peter und St. Paul geweihte Kirche durch St. Amandus gebaut. Von 886 bis 980 geriet es in die Hände der Mauren, welche dann von den Flamländern vertrieben wurden. Während des 12. Jahrhunderts zogen die Handelsprivilegien viele Fremde herbei; der Hafen war allen Nationen geöffnet, und die Stadt blühte auf. »Antwerpen«, sagt Schiller in seiner Geschichte des Abfalls der vereinigten Niederlande, »empfing im sechzehnten Jahrhundert den Handel, den die Üppigkeit der flandrischen Städte verjagte, und unter Karls V. Regierung war Antwerpen die lebendigste und herrlichste Stadt in der christlichen Welt.« Der Hafen von Antwerpen ist einer der schönsten in Europa und sehr geräumig; das größte Bassin kann 42 Linienschiffe und der ganze Hafen überhaupt 2000 Fahrzeuge fassen. Antwerpen enthält 23 Marktplätze und über 200 Straßen, 75 000 Einwohner und wichtige Fabriken aller Art, Bleichen, Diamantschleifereien usw. *(O. L. B. Wolff, 1844)*

Antwerpen, die Stadt an der Schelde, war schon zur Zeit Karls V. »die lebendigste und herrlichste Stadt«.

Frankreich

Paris, Nôtre-Dame. Wir gingen uns die Kathedrale Nôtre-Dame ansehen. Wir standen in einiger Entfernung, wechselten von einem Beobachtungspunkt zum anderen und blickten lange zu den hohen, viereckigen Türmen und zu der reichgeschmückten Fassade hinauf, die dicht mit verstümmelten, seit ewiger Zeit gelassen von ihren luftigen Thronen herabblikkenden steinernen Heiligen besetzt ist.
In den alten Tagen des Rittertums und der Romantik, vor mehr als sechshundert Jahren, hat der Patriarch von Jerusalem unter ihnen gestanden und für den dritten Kreuzzug gepredigt; und seit jenem Tag haben sie dort gestanden und ruhig auf die packendsten Szenen herabgeblickt, auf die großartigen Prunkaufzüge, auf die außerordentlichen Schauspiele, die Paris in Trauer versetzt oder mit Freude erfüllt haben. Diese verwitterten alten Burschen mit den abgebrochenen Nasen haben so manche Schar gepanzerter Ritter aus dem Heiligen Land heimkehren sehen; sie hörten die Glokken über sich das Signal für die Bartholomäusnacht läuten, und sie sahen sie die Schrekkensherrschaft, das Blutbad der Revolution, den Sturz eines Königs, die Krönung zweier Napoleone, die Taufe des jungen Prinzen, der heute in den Tuilerien über ein Regiment von Dienern herrscht.
Wir schlenderten eine oder zwei Stunden lang durch die großartigen Seitenschiffe, starrten hinauf zu den prächtigen bunten Glasfenstern, die mit blauen und gelben und karmesinroten Heiligen und Märtyrern geschmückt sind, und versuchten, die zahllosen bedeutenden Gemälde in den Kapellen zu bewundern. Dann wurden wir in die Sakristei gelassen und sahen die prachtvollen Gewänder, die der Papst getragen hatte, als er Napoleon I. krönte,

Nôtre-Dame, die Kathedrale von Paris, wurde 1163 an der Stelle zweier alter Kirchen errichtet.

eine ganze Wagenladung von Geräten aus massivem Gold und Silber, die bei den großen öffentlichen Prozessionen und Feierlichkeiten der Kirche benutzt werden, einige Nägel des echten Kreuzes, ein Stück des Kreuzes selbst, einen Teil der Dornenkrone. Man zeigte uns auch das blutige Gewand, das jener Erzbischof von Paris getragen hatte, der seine geheiligte Person der Gefahr aussetzte und dem Zorn der Aufständischen von 1848 trotzte, indem er die Barrikaden bestieg und den Ölzweig des Friedens emporhielt, in der Hoffnung, das Gemetzel zu beenden. Seine edle Bemühung kostete ihn das Leben. *(Mark Twain, 1867)*

Paris, Arc de Triomphe. Aus der Zeit des kurzen ersten Kaisertums stammt als größter und kunstvollster Bau, gleichzeitig als Wahrzeichen des napoleonischen Glanzes, der Triumphbogen, der seit den ersten Jahrzehnten des 19. Jahrhunderts die Place de l'Etoile schmückt. Weithin sichtbar, ist der an fünfzig Meter hohe, 45 Meter breite und 22 Meter tiefe Bogen der größte aller Zeiten und Länder. Seine mächtigen Pfeiler zeigen im unteren Teile als einzigen Schmuck kolossale zwölf Meter hohe Trophäen, im oberen kunstvolle Reliefs der wichtigsten Schlachten des großen Heerführers. Der Bogen bildet den Abschluß der herrlichen Champs-Elysées, an deren anderem Ende die Place de la Concorde liegt mit ihrem berühmten Obelisk und acht Statuen, den Sinnbildern der größten Städte Frankreichs.

In ihrer Verlängerung dehnt sich der skulpturenreiche Tuileriengarten aus, und an diesen schließt sich der Karussellplatz, von zwei Flügeln des Louvre umgeben. Die ganze Kette von Avenuen, Plätzen und Gärten, geschmückt mit herrlichen Bauwerken, bildet wohl das schönste und großartigste Bild, das irgendeine Stadt des Erdballs aufzuweisen hat. *(E. v. Hesse-Wartegg, um 1905)*

Der Arc de Triomphe ist der gewaltigste Triumphbogen der Welt und eines der Nationaldenkmäler Frankreichs.

Marseille. Die Stadt im südlichen Frankreich, Hauptort des Départements der Rhônemündungen und erste Seehandelsstadt Frankreichs und der ganzen Mittelmeerküste, ist amphitheatralisch auf felsigem Terrain in der Form eines Hufeisens um den alten Hafen herumgebaut. Die Lage von Marseille ist wie zur Entwicklung einer großen Handelsstadt geschaffen. Der treffliche, leicht zu verteidigende Hafen liegt nahe der Rhônemündung, doch vor den Anschwemmungen des Flusses geschützt und bildet das natürliche Aus- und Eingangstor des ganzen Rhônebeckens nach dem Mittelmeer hin, den Vermittlungspunkt zwischen Frankreich und Westeuropa einerseits, den Gestadeländern des Mittelmeers und dem Orient andererseits. Das Klima ist mild, jedoch starken Schwankungen, namentlich durch den heftigen Nordwestwind (Mistral), ausgesetzt.

Seine Größe und Bedeutung verdankt Marseille in erster Reihe seinem Handel und seiner Schiffahrt, welche sich beide in den großartigen Hafenanlagen konzentrieren. Die Stadt besitzt zwei Häfen: den alten Hafen, ein von der Natur gebildetes, gegen Winde gut geschütztes Becken von 28 Hektar Fläche, welches hauptsächlich der Segelschiffahrt dient, und den neuen, seit 1844 mit einem Kostenaufwand von 119 Millionen Franc nordwestlich vom alten Hafen angelegten großartigen Kunsthafen, welcher durch einen 3593 Meter langen Wellenbrecher gegen die hohe See geschützt ist.

Marseille ist eine der ältesten Städte Europas und wurde um 600 v. Chr. von Phokäern aus Kleinasien im Gebiet der Salyer gegründet. Es hieß griechisch Massalia, lateinisch Massilia und war ein aristokratischer Freistaat mit blühendem Handel. Griechische Kunst und Wissenschaft wurden eifrig gepflegt, und die griechische Sprache herrschte noch bis 300 n.

Marseille, Frankreichs Hafenstadt am Löwengolf. Die Zeichnung zeigt den traditionsreichen Alten Hafen.

Chr. Die Stadt, eine Rivalin Karthagos, hielt in den Punischen Kriegen zu Rom und ward hierfür durch Beistand gegen die Ligurier (154), dann gegen die Salluvier (123), deren Gebiet Marseille geschenkt wurde, belohnt. Im Jahre 49 n. Chr. wurde die Stadt nach hartnäckiger Verteidigung von Cäsar erobert und ihres Gebietes zum größten Teil beraubt. *(Meyers Konversations-Lexikon, 1897)*

Lyon. Wie eine ungeheure Silberschlange windet sich die schnellfließende Rhône vom Jura und den Alpen der Stadt Lyon zu; sie und ihr Zusammenfluß mit der Saône hatte wohl zu der Stadtgründung Veranlassung gegeben. Die Gegend der Saône ist mit vielen schönen Landhäusern und Weinbergen übersät. Die Aquädukte erinnern an die Römerzeit. Der entzückende Anblick versetzt einen in Träumereien, und man sieht das alte Lugdunum vor sich. Die Römer erhoben es zur Hauptstadt des lugdunensischen Gallien. Hier wurden die Kaiser Claudius und Caracalla geboren, Gratianus starb hier. Die Schönheit der Gegend veranlaßte Kaiser Augustus, drei Jahre lang sie zu seiner Residenz zu erheben.

Später nannte man sie Lyona und erbaute die erste christliche Kirche Galliens in ihr.

Das jetzige Lyon teilt man in die Rhône- und Saônestadt und zählt zusammen 28 Quartiere. Eine große Anzahl Häuser sind sechs bis sieben Stockwerke hoch und schließen enge Gassen ein, dafür wird man aber entschädigt durch die Promenaden und Kais. *(Payne's Universum, 1847)*

Lyon liegt an der Mündung der Saône in die Rhone. Einst war die Stadt berühmt für ihre Seidenindustrie.

Straßburg, Münster. Vor Straßburg teilt sich der Rhein in zwei Arme, welche ein Eiland umschließen, das die Grenze zwischen Frankreich und Deutschland bildet. Von dort führen zwei Schiffbrücken nach der wohlverwahrten Pforte Frankreichs, der Straßburger Zitadelle. Jenseits der Zitadelle entfaltet die Stadt selbst, mehr ernst als heiter, ihre dunklen Häusermassen mit den zahlreichen Türmen. Über alles ragt das Münster.
Welch ein Werk! Wie erhebt der Gedanke, daß es Menschen bauten! Seine Baugeschichte steigt bis in die Frühzeit der ersten Ausbreitung des Christentums in den Römerstädten am Rhein hinab. Goethe läßt sich über diesen Wunderbau vernehmen: »Dem Meister galt es, Widersprüche zu vereinen; das Kolossale hier leicht und zierlich erscheinen zu lassen und, obschon tausendfach durchbrochen, ihren himmelanstrebenden Mauern doch den Begriff von unerschütterlicher Festigkeit zu geben. Die Ausführung dieser Aufgabe war die schwerste; in ihr lag der Gipfel der Kunst.« *(Meyer's Universum, 1844)*
Der Erbauer dieses Meisterwerks ist Erwin von Steinbach, dessen Originalpläne noch aufbewahrt werden, der aber 1318, als der Bau des kolossalen Schlußstücks, der wundervollen Fassade, kaum halb vollendet war, starb und die Fortführung des Werkes seinem Sohne überließ. Aber auch dieser erlebte die Vollendung des Münsters nicht, und nach seinem Tode übernahm Erwins Tochter, Sabina, die Erbschaft ihres Vates mit größerem Glücke. Ihr Werk sind die schönen Skulpturen am südlichen Portal. *(H. A. Daniel, 1892)*

Straßburg, Kultur- und Handelszentrum des Elsaß. Auf der Zeichnung: Schloßplatz und Straßburger Münster.

Nord-Amerika

Amerika ist eine neue Welt, nicht bloß,
weil sie für die alte neu entdeckt werden mußte, sondern
weil sich in ihr auch ein neues Kulturleben entwickelt.
Das alte Europa hat in Amerika
einen neuen Schauplatz seiner Tätigkeit gefunden.
A.W. Grube

Reiseerinnerungen an die Vereinigten Staaten: ein Zeltlager der Comanche-Indianer.

USA

New York. Der erste Eindruck, den ich von New York empfing, nachdem ich in einem Fährboot von New Jersey den Hudson überschritten hatte, war nicht gerade gewinnend. Ich fuhr vom Flusse herauf durch verschiedene Straßen mit schmalen Häusern, niedrigen Gebäuden aus roten Ziegeln mit grünen Fensterläden, wie man sie in kleinen holländischen Städten findet: wie es ja denn holländische Ansiedler waren, welche zu Anfang des 17. Jahrhunderts am Südende der zwischen Hudson und East River, einem Meeresarm, lang sich hinstreckenden Halbinsel Manhattan den Grund zu New York legten.
Allein das Bild der Stadt wurde bald anders, je mehr ich in das Innere derselben hineinkam und dem Broadway mich näherte. Der Broadway (breiter Weg) durchzieht New York in einer Länge von acht Kilometern. Er bildet fast von der Battery an gleichsam das Rückgrat der Stadt ziemlich in ihrer Längenachse mit einer leichten Krümmung in der Mitte beim Union Square, nach beiden Seiten Leben ausstrahlend und aufnehmend. Die Battery ist ein mit schattigen Bäumen besetzter Platz an der Bai, welche den Namen von der Befestigung hat, welche die holländischen Ansiedler dort errichteten.
Der Broadway beginnt, wenn man den Battery-Platz überschritten, am Bowlinggreen, einem runden, mit Springbrunnen und Rasen geschmückten Platze, an den sich viele Erinnerungen knüpfen. In den holländischen und

Auf dem Weg zur Weltmetropole: New York von der Nady Yard aus, eine Zeichnung aus dem Jahre 1860.

englischen Kolonialzeiten und manche Jahre später war hier der vornehmste Teil der Stadt, in welchem die angesehnsten und vornehmsten Leute mit Vorliebe wohnten. Heutzutage umgeben den Platz Amtslokale der ausländischen Konsulate und die Offices der zahlreichen überseeischen Dampfschiffahrtsgesellschaften.

Boardinghäuser und Kaufläden mit allerhand dem Bedürfnis der Einwanderer entsprechenden Waren charakterisieren auch den südlichen, mäßig ansteigenden Teil des Broadway, der auf Bowlinggreen mündet. Wandert man aufwärts, so wird man bald inne, daß in den einzelnen Abschnitten der Straße bestimmte Geschäftszweige sich zusammengefunden und festgesetzt haben. Bis Trinity Church und etwas darüber hinaus sind es die Bankhäuser, die Makler und Agenten, sowie die Offices der Anwälte, welche vorherrschen.

Oberhalb der Kirche betritt man das Gebiet der großen Versicherungsgesellschaften. An der Ecke von Fulton Street hebt sich das weit sichtbare, in Rohbau aufgeführte Haus der Evening Post, ein Vorposten der Paläste der Presse. Hier ist in der Mittagszeit und in den Stunden, wo die Offices sich leeren, ein solches Drängen und Treiben, daß wer in dem Gewirre der Omnibusse, Kutschen und Lastwagen, welche auf dem Straßendamme sich einander entgegen und durcheinander schieben, den Weg kreuzen will, außer sicherm Auge und schnellem Fuße auch der Entschlossenheit des Moments bedarf, in welchem die Wahrscheinlichkeit, gerädert zu werden, etwas geringer ist. *(E. Herzog, 1892)*

Blick von Staten Island auf die Bucht von New York. Einwohnerzahl 1840: 300 000. Heute: 7,3 Millionen.

Niagarafälle. Statt mit der Büchse im Arm vorsichtig nach Feinden spähend wie einst, saust der Reisende von heute mit dem Expreßzug dem Weltwunder entgegen, ja, er braucht, um es in Augenschein zu nehmen, nicht einmal den komfortabel eingerichteten Wagen zu verlassen, da spekulative Eisenbahngesellschaften die Gleise so nahe an die Fälle gelegt haben, daß er das ganze Panorama vom Fenster aus bequem fünf Minuten lang betrachten kann.

Die rauhe Zeit des Faustrechts ist für jene Gegenden vorbei, das Kriegsgeheul der Irokesen ist verstummt; nur die massenhaft umherschwärmenden Photographen, welche den harmlosen Reisenden beschleichen und ihm das Objektiv mit dem Ruf: »Wollen Sie Ihr Bild abnehmen lassen?« vor die Brust setzen, gemahnen an die Zeit der Überfälle. Bis vor wenigen Jahren war das Land um die Katarakte Eigentum von Privatpersonen. Ein Fräulein Parker konnte stolz auf die Frage, ob sie die Niagarafälle gesehen habe, antworten: »Sie gehören mir!« Jetzt hat die Regierung das ganze Gebiet angekauft und dasselbe zu einem sogenannten Nationalpark umgewandelt.

Die ganze Art und Weise, wie sich das wunderbare Schauspiel der Niagarafälle darbietet, hat etwas besonders Originelles, ich möchte sagen Amerikanisches an sich. Der Reisende durcheilt mit dem Eisenbahnzuge eine flache, landschaftlich unbedeutende Gegend. Felder, wenig Baumwuchs, Heidestrecken - nichts zeigt an, was auf die Nähe eines großen Naturwunders oder auch nur auf eine wilde, großar-

Schon immer hatten die Niagarafälle zwei Baedeker-Sterne. Hier der kanadische oder Hufeisen-Fall.

tige Szenerie schließen ließe. Bei der vorletzten Station La Salle, wenige Kilometer vor den Fällen, schaut der Reisende enttäuscht aus dem Wagenfenster. Jetzt müßte die Gegend doch eigentlich wilder und wilder werden. Vergebens, sie bleibt eintönig wie zuvor, nichts läßt sich hören.

Der Zug hält in der Stadt Niagara Falls. Weiterhin, hinter einigen Baummassen, sieht man eine Dampfsäule gen Himmel steigen. Von Donnern oder Rauschen läßt sich wenigstens bei Tag immer noch nichts hören. Der Reisende durcheilt die Stadt. Jetzt wird dumpfes Rauschen hörbar. Links sieht man die silbernen Strähnen des dahinschießenden Stromes. Am Ende der Allee wirbeln weiße Dampfwolken auf. Wenige Schritte noch, und plötzlich steht der Reisende verblüfft vor dem gähnenden Abgrund, sieht die Wasser majestätisch in die grausige Tiefe stürzen. Er beugt sich über die niedrige Mauer an der Ecke des Falles und blickt hinab in die Schlucht. Drunten, da brodelt und siedet und dampft es, als ob Millionen entfesselter Geister ihr Wesen treiben. Ein sinnverwirrender Anblick. Hier oben die lichte Welt, blauer Himmel, lustiges Grün!

Drüben wälzt der Hufeisenfall seine gewaltigen smaragdgrünen Wassermassen in den Abgrund. Über die dichten, aufsteigenden Dämpfe spannen sich die luftigen Gebilde der Regenbogen.

Der Eindruck, den der erste Anblick der Fälle auf den Menschen macht, ist sehr verschieden. Die einen haben dabei Ruhe und Frieden gefunden, andere sind andächtig gestimmt worden, wieder andere sind in nervöse Aufregung geraten. *(H. Bohrdt, 1891)*

Mit der »Maid of the Mist« (Nebelmaid) kann man die Niagarafälle gefahrlos »von unten aus« besichtigen.

Washington, Capitol. Dem großen Wunder der Natur, den Niagarafällen, hat das glückliche Amerika kein ebenbürtiges der Menschenhand gegenüberzustellen, es sei denn das Capitol in Washington, der Sitz der Volksvertreter der Vereinigten Staaten.
Vierzehn Jahre nach der Unabhängigkeitserklärung im Jahre 1790 wurde die Uferstrecke am Potomacstrom zur Gründung einer eigenen Hauptstadt für die unabhängig gewordenen englischen Kolonien bestimmt, drei Jahre später vom ersten Präsidenten Washington der Grundstein zum neuen Capitol gelegt. Heute hat die nach ihm benannte Stadt eine Einwohnerzahl von 400 000 Seelen, und über ihrem Häusermeer thront auf einem Hügel das schönste und in seiner Art großartigste Gebäude der Neuen Welt, selbst in der Alten nur von wenigen übertroffen.
Anderthalb Hektar Grundfläche bedeckend, wendet sich seine majestätische, 230 Meter lange Hauptfront in blendender Marmorweiße der schönsten Straße der Stadt, der Pennsylvania Avenue, zu, an deren anderem Ende sich das Weiße Haus, die Residenz des Präsidenten, erhebt. Über dem Mitteltrakt des wundervollen, rings mit korinthischen Säulen umgebenden Kolossalbaues steigt eine von ähnlichen Säulen getragene Kuppel auf 87 Meter Höhe empor, von einer riesigen Freiheitsstatue gekrönt.
Drei monumentale Freitreppen führen gleich schimmernden, kunstvoll von Menschenhand aus Marmorfelsen gehauenen Terrassen zu dem Mittelbau wie zu den beiden Flügeln empor. Über den Plattformen, auf die sie münden, erheben sich drei mächtige, weithin sichtbare Pforten. Im Innern begnügte man sich nicht mit Treppenhäusern aus carrarischem Marmor, man richtete auch pracht-

Das Capitol in Washington kurz nach der Fertigstellung von Zentralkuppel und Flügelbauten, anno 1865.

volle Salons, gold- und farbenstrotzende Korridore und boudoirartige Sitzungsräume ein, welche die Haupthallen für die Mitglieder des Senats und des Kongresses umgeben. *(E. v. Hesse-Wartegg, um 1905)*

Yellowstone-Park. Tagelang kann man das weite Gebiet mit der eigentümlich gemischten Luft durchstreifen, einer großen, unberührten, nicht in den Dienst der Menschen gezogenen Natur mutterseelenallein gegenüberstehen. Stille ist es tagsüber. Ab und zu dringt aus dem Walde der Ruf eines Wildes, der Laut eines Vogels. Dann auch im Weiterwandern sieht das Auge drüben in der Lichtung des Gehölzes ein Rudel Hirsche, Elentiere am Waldbach oder eine Büffelherde über die Ebene hinziehen. Furchtlos sind sie alle; denn noch nie hat sie der schrille Ton eines tödlichen Schusses erschreckt.

Wir sind in einer Höhe von 2300 Metern; das Hochplateau ist von einem malerischen Kranz bewaldeter Hügel eingefaßt. Mitten durch die Ebene fließt eilenden Laufes der kristallklare Madison- oder Firnholefluß, an dessen Ufer wir heraufgekommen sind.

Unweit davon ist der Hauptanziehungspunkt, der Old-Faithful-Geyser. Wir sind gerade im rechten Augenblick eingetroffen. Sofort eilen wir zu dem Springquell. Mit absoluter Pünktlichkeit findet nämlich alle 65 Minuten ein Aufstieg des »getreuen Alten« statt. Zunächst pusten an der Öffnung ein paar Wasserstrahlen auf. Aus der Tiefe dringt ein Ächzen, Stöhnen an unser Ohr, als ob Riesenmächte die Sprengarbeit hindern wollten. Aber die Dampfkraft ist stärker. Plötzlich steigt eine Dampfsäule auf, und ihr folgt ein Wasserstrahl, 40-50 Meter hoch, breit wie eine Wand. Rasch, wie sie aufgestiegen, sinkt sie wieder ab. *(H. Dalton, 1891)*

Der Old-Faithful-Geyser im Yellowstone-Park, dem ältesten Nationalpark der Welt, spuckt alle 65 Minuten.

Grand Canyon des Colorado. Obwohl die Spanier den Rio Colorado schon seit dem Jahre 1540 kannten, hatten sie doch nicht vermocht, den Lauf desselben genauer zu erforschen. Die ungeheure Dürre, die beispiellose Zerrissenheit und Öde der ganzen Landschaft, die Unzugänglichkeit der grauenerregenden Steinschluchten setzten allem Vordringen unüberwindliche Schwierigkeiten entgegen.

In Wirklichkeit ist der Rio Colorado wohl der interessanteste Strom der Erde. Seine Quellwasser, der Dreen und der Grand River, entspringen im Herzen der Felsengebirge in einer Höhe von 4500 Meter, wo den ganzen Winter hindurch unermeßliche Massen von Schnee fallen. Bringt der meist urplötzlich eintretende Sommer den Schnee zum Schmelzen, so geschieht das in überraschend schneller Weise, und von allen, mit verhältnismäßig geringem Waldwuchs bestandenen Höhen der Felsengebirge stürzen Millionen von Kaskaden in die zwischen den Rocky Mountains und der Sierra Nevada gelegene Hochebene hinab.

Sandstein und vulkanische Bildungen herrschen vor und vermögen infolge ihrer außerordentlichen Nacktheit nicht, die in schäumenden Katarakten von den Gebirgen herniederkommenden Gewässer aufzuhalten. Infolgedessen bilden die Wasserläufe lauter tiefe Risse in die Hochebene, die von Jahr zu Jahr tiefer und immer tiefer werden. Diese Risse mit ihren turmhohen, unersteiglichen Uferwänden heißen Canyons.

Ein jeder Bach, ein jedes winzige, durch einen Regenguß gebildete Wässerlein im oberen Stromgebiet des Colorado besitzt seinen eigenen Canyon, und das Hochplateau zwischen den Felsengebirgen und der Sierra Nevada bildet darum ein ungeheures Labyrinth tiefer,

Furt am Oberlauf des Colorado River im Südwesten der USA. Hier konnte man den Fluß mit Planwagen überqueren.

ineinander mündender Klüfte und Felsenschluchten, in denen zur Zeit der Hochfluten furchtbare brausende Ströme dahinschießen. Erst im Jahre 1869 gelang es dem Major J.W. Powell, die Canyons des Colorado in ihrer ganzen Länge zu befahren. Diese unerhört kühne Reise bildet eines der glänzendsten Kapitel in der Erforschungsgeschichte des fernen Westens. Nach einer abenteuerlichen Fahrt durch mehrere kleinere Canyons gelangte Powell endlich in den berühmtesten von allen, den Grand Canyon, dessen Klippenmassen anderthalb Kilometer in die Lüfte ragen, um sich droben in ein Wirrsal von Riffen, Türmen und Bastionen aufzulösen.

Da und dort öffneten sich in den Wänden tiefe Gelasse, die wie offene Gräber aussahen, als seien sie für die bestimmt, die in frevelhaftem Mute wagten, in diese geheimnisvolle Unterwelt einzudringen.

Drunten schien alles schwarz und finster, oben leuchteten die Klippen bronzefarbig, rot und orange, aber auch diese Farben nahmen einen bleichen und kalten Ton an, wenn die ziehenden Wolken sich in die Zacken verwikkelten oder sich tief in den Riesenspalt herniedersenkten und ihn wie mit einem Dache überwölbten.

Über drei Monate dauerte die Fahrt Powells durch die schrecklichen Abgründe der Canyons, und ein Wunder war's, daß er mit seinen Genossen den tausendfachen Gefahren dieser Unterwelt glücklich entrann. Seitdem ist nur einmal, und zwar im Mai 1889, der Versuch gemacht worden, die kühne Fahrt zu wiederholen; aber das Unternehmen mußte aufgegeben werden, nachdem mehrere der Teilnehmer ihren Tod in den reißenden Fluten des Rio Colorado in den Tiefen des Canyons gefunden hatten. *(R. Cronau, 1891)*

Der Grand Canyon des Colorado ist als eine Art »Bilderbuch der Erdgeschichte« ein weltberühmtes Reiseziel.

Kansas City. Die Stadt im County Jackson des nordamerikanischen Staates Missouri liegt auf dem rechten Ufer des Missouri-Flusses gerade unterhalb der Mündung des Kansas-Flusses und an der Grenze des Staates Kansas. Sie hatte 1860: 4418, 1880: 55785 Einwohner. Seitdem hat die Stadt einen erstaunlichen Aufschwung genommen. Unter den hervorragenden Bauten sind Zoll- und Postamt, Stadthaus, Gerichtshaus, Börse, Ausstellungsgebäude und einige Clubhäuser. Die Stadt hat 123 Kirchen, drei medizinische und mehrere andere Colleges und eine Anzahl wohltätiger Anstalten.
Drei schöne Brücken führen über den Fluß. Vermöge seiner Lage an den beiden Strömen mit ihrem regen Dampferverkehr und als Eisenbahnknotenpunkt beherrscht es den Handel eines großen Teils des Westens, und der Vieh- und Getreidehandel sowie die großen Rinder- und Schweineschlächtereien stehen nur hinter denen Chicagos zurück. Die bedeutendsten Firmen der Fleischverpakkungsgeschäfte sind Fowler Brothers und Jacob Dold. Der Wert des versandten Fleisches erreicht jährlich 50 Millionen Dollar.
Hoch entwickelt ist auch die Fabriktätigkeit aller Art. Eines der größten Salzwerke der Union befindet sich hier. Kansas City gegenüber im Staate Kansas liegt ein anderes Kansas City, das gleichfalls großartige Schlächtereien und Versandgeschäfte (darunter Armour) besitzt. Auch der Getreidehandel ist ebenso bedeutend wie der der Schwesterstadt. *(Brockhaus' Lexikon, 1898)*

Mississippi-Mündung. Wir waren im Golf von Mexiko. Ein mächtiger Dampfer nahm uns ins Schlepptau: so ging es hinein in die Mündung des Mississippi. Es läßt sich denken, in welcher Spannung die Passagiere von dem Augenblick an sich befanden, in dem sich der Schlepper unser annahm. Alle waren auf dem Verdeck versammelt, um das gelobte Land in Augenschein zu nehmen, zu dessen

Kansas City liegt am Südufer des Missouri. Aus den 4400 Einwohnern von 1860 waren 1900 schon 163 000 geworden.

Erreichung wir uns einer langen Seereise mit allen ihren Mühsalen unterzogen hatten.
Der erste Eindruck war jedoch keineswegs ein erfreulicher. Es gab weiter nichts zu sehen als niedriges, angeschwemmtes Land, mit keinem andern Pflanzenwuchs als hohem Schilf. In dem Strome selbst, der nichts weniger als freundlich aussieht, schwammen ungeheure Baumstämme, welche die ungestümen Fluten des Mississippi aus den Urwäldern des fernen Westens dem heimischen Boden entrissen und viele tausend Kilometer weit herabführten, um sie entweder an seinen beiden niederen Ufern abzusetzen und in wildem Chaos durcheinander zu werfen oder sie ins Meer hinaus zu führen. Wir waren ungemein enttäuscht; statt der freundlichen Anpflanzungen mit Landhäusern in einer südlichen herrlichen Gegend sahen wir eine Wildnis.
Der Dampfer entführte uns jedoch rasch dieser Einöde, und je weiter wir flußaufwärts kamen, desto belebter und freundlicher gestaltete sich die Szenerie. Die Ufer wurden allmählich höher; an ihnen wurden fremdartige Gesträuche und Baumgruppen sichtbar, üppiges Gras bedeckte den Boden. Immer reicher, mannigfaltiger und schöner gestaltete sich die Szene, je näher wir der großen Handelsstadt des Südens kamen. Zu beiden Seiten des von zahllosen Fahrzeugen der verschiedensten Größe und Art belebten Flusses lachten uns freundliche Sommerhäuser entgegen, die von herrlichen südlichen Hainen, großen Anpflanzungen und reizenden Orangengärten umgeben waren. Endlich erhob sich New Orleans selber hinter einem Walde von Masten vor unsern Blicken und nahm nun das Interesse aller ausschließlich in Anspruch. Die Stadt liegt in einer niedrigen, sumpfigen und daher sehr ungesunden Ebene. Dieselbe besteht aus angeschwemmtem Lande, auf welchem zwar Zucker und Baumwolle vortrefflich gedeihen, der Mensch aber desto weniger.
(C. Beck, 1886)

Durch das sumpfige Mündungsgebiet des Mississippi führen mehrere schiffbare Kanäle in den Golf von Mexiko.

Hawaii, Honolulu. Honolulu, die Großstadt des Stillen Ozeans, besitzt alles, was man von einer amerikanischen Stadt erwarten kann, ungezählte Autos, elektrische Straßenbahnen, Eisenbahnen, erstklassige Hotels. Ich wurde von meinem Vorgesetzten abgeholt, zu Fuß in ein Kost- und Logierhaus geleitet, das, in schönem großem Garten gelegen, allen Komfort der Neuzeit bietet. Ehe ich mich zur Ruhe begab, konnte ich nicht umhin, von der Veranda meines Zimmers einen Blick in den Garten zu tun, der in silbernem Mondlicht erglänzte. Alles hauchte bezaubernde Frühlingsdüfte aus, Palmen, Bananen-, Orangen-, Mango- und Papayabäume hatte der Vollmond mit einem duftigen Schleier umwoben, wie ich es nur auf diesen Inseln gesehen.

Am folgenden Morgen ging ich auf den Punchbowl, um ein Gesamtbild von Honolulu zu bekommen. Der Weg führte uns an der Hochschule vorbei. Sie war einst die Residenz einer hawaianischen Prinzessin und macht daher den Eindruck einer vornehmen Villa. Auf dem Emma-Square findet jeden Morgen und Abend von halb acht bis halb zehn ein Freikonzert statt, das die Hawaii-Kapelle unter ihrem tüchtigen deutschen Kapellmeister Berger veranstaltet. Schon 40 Jahre waltet er dieses Amtes.

Vom Punchbowl aus hat man einen schönen Überblick über die Ewa-Plantagen, die Oahu besitzt. Im ganzen haben die Hawaii-Inseln etwa 56 Plantagen, die jährlich über 400 000 Tonnen Zucker liefern. Der Betrieb auf den Feldern und in den Fabriken ist in technischer Hinsicht hervorragend musterhaft. In Honolulu hat man eine Experimentalstation eingerichtet, die für Anbau, Ernte, Verarbeitung des Zuckerrohrs die besten Methoden zu gewinnen sucht. *(E. Kahl, um 1910)*

Honolulu auf der Hawaii-Insel Oahu war 1850 noch ein verträumter, nicht vom Tourismus beleckter Ort.

Süd-Amerika

*Überall ist die Natur des Kontinents den Pflanzen freundlich,
den Menschen eher feindlich, und noch jetzt,
wo die Einwohner um Millionen in kurzer Zeit zunehmen,
sind ihre Städte und Ansiedlungen doch nur größere und kleinere Punkte
in der ungeheuren Pflanzenwildnis.
Aber nicht zu verkennen ist die immer rascher
vor sich gehende Entwaldung in Südamerika.*
A. W. Grube

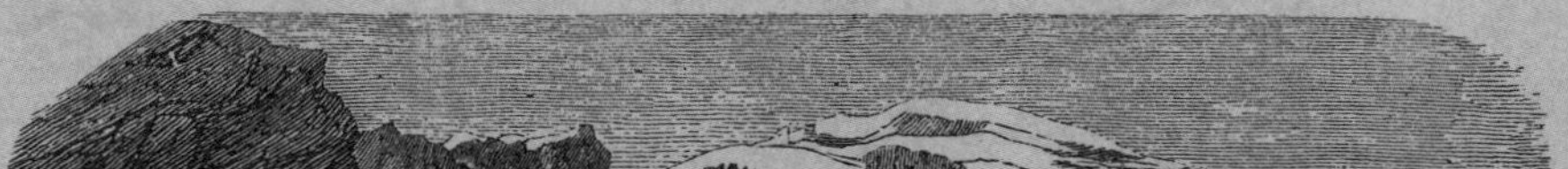

Der Krater des Popocatépetl, eines 5452 Meter hohen Vulkans in Zentralmexiko.

Mexiko

Mexiko City. Nähert man sich im nördlichen Europa einer Stadt, so sieht man den schönsten Teil zuerst: Die Vorstädte sind neu, prächtig, elegant, mit Bahnhöfen, Alleen, Kunstgärten geschmückt. In Mexiko sind die Vorstädte unansehnlich und schmutzig, von den ärmsten Klassen bewohnt; Schutt und Kehricht, tierische Leichname und Bautrümmer findet man an den Eingängen der Städte aufgehäuft, in der Nähe elender Hütten, worin lumpige Proletarier oder halbnackte Indianer wohnen.

Sobald man die eigentliche Stadt betritt, sind die Straßen gepflastert, und an den Seiten der Häuser bieten erhabene Fußwege von wohlgefügten Basaltsteinen dem Fußgänger einen bequemen Gang. Die meisten Städte haben gerade und breite Straßen, die sie rechtwinklig durchschneiden. Die Häuser der kleineren sind fast immer einstöckig, die der größeren haben zwei, drei und mehr Stockwerke. Der Glanzpunkt aller mexikanischen Städte ist stets am Hauptplatz zu suchen. In dem stattlichen Viereck nimmt die Hauptkirche die eine Seite ein, die drei übrigen werden von großen Häusern gebildet, deren unterer Stock durchgehend aus breiten Säulengängen besteht. *(E. Sartorius, um 1899)*

Unter den öffentlichen Plätzen von Mexiko City ist die Plaza de la Constitucion, ein regelmäßiges Viereck von 351 Meter Länge und 234 Meter Breite, der größte. Nördlich begrenzt ihn die imposante Kathedrale, an der Stelle des großen aztekischen Haupttempels im gotischen Stil 1573-1667 erbaut, mit zwei 66 Meter hohen Türmen und schöner Kuppel, vielen Kostbarkeiten und Gemälden der be-

Im Zentrum von Mexiko City liegt die Placa de la Constitucion mit der großen Kathedrale der Stadt.

sten spanischen Meister. An der Ostseite der Kathedrale erhebt sich der Sagrario Metropolitano, die erste Pfarrkirche der Stadt, in überladenem Stil, davor das Martinezdenkmal. An der Ostseite des Platzes steht der mächtige, 205 Meter lange Palacio Nacional, südlich der Palacio Municipal und westlich eine Reihe stattlicher, mit Arkaden und Kolonnaden versehener Gebäude. *(Meyers Konversations-Lexikon, 1897)*

Popocatépetl. Den Blick fest auf den Weg gerichtet, klomm ich dem Krater entgegen. Da, mit einem Male öffnete sich vor meinen erstaunten Blicken ein gewaltiger Kessel mit jäh abfallenden Wänden. In einer Höhe von 5400 Meter stießen wir (der Nordamerikaner, Deutsche und Mexikaner) auf das Wohl der Republik an. Das Wetter war prachtvoll, die Luft wunderbar klar und durchsichtig. Der Krater mag 500-600 Meter im Durchmesser und 150-200 Meter Tiefe haben. Die südliche Wand ist fast senkrecht, die nördliche sehr steil. Am oberen nördlichen Rand dringen warme Schwefeldämpfe aus der Erde hervor. Auf dem Grund des Kraters sieht man dichten Rauch hervorqualmen. Zu gewissen Zeiten arbeiten Indianer unten, um den Schwefel von den Wänden abzulösen. *(K. Koebele, 1889)*

Der Gipfel des Vulkanberges Popocatépetl. Er ist oberhalb 4300 Meter das ganze Jahr über schneebedeckt.

Nicaragua

San Juan del Norte. Die Stadt, von Nordamerikanern und Engländern Greytown genannt, ist ein Freihafen in der zentralamerikanischen Republik Nicaragua, an der Mündung des nördlichen Armes des Rio San Juan, in ungesunder Gegend, Sitz eines deutschen Konsuls, verspricht als Ausgangspunkt des Nicaraguakanals von Bedeutung zu werden, hat aber jetzt nur 1500 Einwohner (viele Nordamerikaner, Engländer, Deutsche), welche Gummi, Kaffee, Gold, Häute, Indigo, Schildpatt usw. (1891 für 576460 Pesos) ausführen.

San Juan del Norte bildete einige Jahre lang einen Zankapfel zwischen England und den Vereinigten Staaten, wurde im Clayton-Bulwer-Vertrag (1849) neutralisiert und befindet sich seit 1860 im Besitz von Nicaragua. Nicaragua gehörte früher zu Guatemala, riß sich 1821 mit diesem von Spanien los und wurde 1823 einer der fünf Vereinigten Staaten von Zentralamerika. Erst 1848 kam in Nicaragua eine gesetzliche Regierung zustande.

Der Nicaraguakanal sollte bei Durchschneidung Zentralamerikas über den Nicaraguasee den Atlantischen mit dem Pazifischen Ozean verbinden und so in Konkurrenz mit dem Panamakanal die lange Fahrt durch die Magalhaesstraße abkürzen. Der Gedanke einer Verbindung beider Ozeane auf diesem Weg ist schon sehr alt. Bereits unter Karl V. war der San Juan unter Überwindung seiner Stromschnellen bis zum Nicaraguasee hinauf befahren worden; unter den 1528 und 1550 auftauchenden Entwürfen befand sich auch ein Nicaraguakanal. Das Projekt wurde jedoch bis heute nicht verwirklicht. *(Meyers Konversations-Lexikon, 1897)*

San Juan del Norte liegt in Nicaragua an der Mündung des Río San Juan in die Bucht von San Juan.

Kuba

Havanna. Als der Morgen graute, tauchte vor uns die langgestreckte Küste der Insel Kuba aus dem Meere, mit der Silhouette tiefblauer Berglinien vom Himmel sich abhebend; bald leuchteten über der Flut auch die lichten Häuserreihen von Havanna auf, der Hauptstadt der »immer getreuen« Isla de Cuba.

Mit dem Namen Havanna, den die Spanier Habana schreiben, verbindet die Vorstellung etwas Üppiges, Reiches, etwas, was an Luxus gemahnt. Und dieser Vorstellung widerspricht der erste Anblick, den die Stadt von See aus bietet, durchaus nicht. Das alte Castillo del Moro, das den Hafen von der Nordseite schützt, die langgedehnten Fronten der stattlichen öffentlichen Gebäude, welche unmittelbar am Strande über der Brandung sich erheben, die trotzigen Mauern der alten Befestigungswerke, die jetzt als Gefängnis dienen, darüber die weit ausgelegte Stadt, auf deren flachen Dächern der Palast des Generalkapitäns, die Kathedrale und die zahlreichen Kirchen, welche von einer spanischen Stadt untrennbar sind, emporragen, alles das bildet ein Panorama, das in dem vollen Licht der Morgensonne von imposanter Schönheit ist.

Die Stadt hat manches großartige Gebäude, insbesondere am Prado, einer breiten Straße. Im übrigen sind die Straßen, teils infolge der alten Befestigung der Stadt, teils zum Schutz gegen die Sonnenglut, meist eng und nicht gerade angenehm zu gehen, weil feiner weißer Staub sie bedeckt. Die Bauart der Häuser ist auf Abwehr der Hitze berechnet und folgt im wesentlichen der spanischen Tradition darin, daß die Zimmer um einen inneren Hof liegen.
(E. Herzog, 1888)

San Cristóbal de la Habana heißt bei uns Havanna und ist heute Hauptstadt der Inselrepublik Kuba.

Brasilien

Rio de Janeiro. Wenn das Schiff die von mächtigen Granitfelsen flankierte Einfahrt passiert hat, weitet sich die Bai von Rio in einem Rundbild, dessen Schönheit und Großartigkeit in der Tat überraschend sind, auch wenn die darauf gerichteten Erwartungen hoch gespannt waren. Die Stadt breitet sich auf einer Halbinsel über Hügel, die nahe ans Wasser treten und von so mäßiger Höhe sind, daß sie mit Gebäuden und Gärten bedeckt werden konnten.

Über den Bergen, die im Westen der Bai den Horizont begrenzen, liegen helle, weiße Wolkenballen, Frühnebel, welche die Sonne aufgezogen hat und welche nun glänzend wie Silber in luftiger Höhe warten, bis sie am Abend wieder niedersteigen werden. Im Norden ragen die bizarr gestalteten Zacken des Orgelgebirges auf und die waldige Serra, hinter welcher Petropolis liegt. Das Auge weiß nicht, wo es rasten soll; es ist ein Schwung der Linien, eine Glut der Farben, eine Fülle des Lichtes und Glanzes, die in ihrem Zusammenhange etwas Berauschendes haben.

Rio ist fürstliche Residenzstadt, allein mehr dem Namen nach - in der heißen Jahreszeit begibt sich der Kaiser in das vier Stunden entfernte Petropolis. Außerdem ist Rio die einzige Großstadt unter den Tropen, welche am Meer liegt, und diese Eigenschaft wird auf Schritt und Tritt kund. *(E. Herzog, 1888)*

Um 1840 war die Bucht von Rio de Janeiro noch spärlich besiedelt. Damals war Rio Brasiliens Hauptstadt.

Afrika

*Von allen Weltteilen hat Afrika die ungünstigste Lage
und Gestaltung seiner Oberfläche erhalten;
denn es liegt fast ganz in der heißen Zone,
und nur seine äußersten Nord- und Südspitzen erreichen den
gemäßigten Erdgürtel. Die Hitze versengt und verbrennt daher
nicht bloß den Pflanzenteppich der Erde,
sie gefährdet auch den Europäer, der es wagt,
den furchtbaren Pfeilen der Sonne Trotz zu bieten.
Nur Eingeborene vermögen die Hitze ohne Schaden zu ertragen.*
A.W. Grube

Reiseerlebnisse mit dem Wüstenschiff: Kamelritt in einem nordafrikanischen Land.

Ägypten

Pyramiden von Gizeh. Auf einige Meilen Entfernung sahen die Pyramiden, wie sie hinter den Palmen aufsteigen, sehr scharf umrissen, recht großartig und ehrfurchtgebietend und gleichzeitig sehr weich und verschleiert aus. Eine mühsame Wanderung in der flammenden Sonne brachte uns zum Fuß der großen Cheopspyramide. Sie war kein Märchenbild mehr. Sie war ein geriefter, häßlicher Steinberg. Jede ihrer riesenhaften Seitenflächen stellte eine breite Treppe dar, die Stufe auf Stufe in die Höhe strebte, sich mehr und mehr verschmälernd, bis sie sich weit oben in der Höhe zu einer Spitze verjüngte. Insektengleiche Männer und Frauen krochen in schwindelnder Höhe auf ihr herum.

Natürlich wurden wir von einem Haufen muskulöser Ägypter und Araber belagert, die eine Vereinbarung mit uns wünschten, uns auf die Spitze hinaufzerren zu dürfen. Natürlich schlossen wir mit ihnen ab, bezahlten sie, wurden den Händen der Schlepper überliefert, die Pyramide hinaufgezerrt und vom Fundament bis zum höchsten Gipfel hinauf um Bakschisch angehalten und gequält und gemartert.

Da jede Stufe gerade so hoch wie ein Eßtisch ist; da es sehr, sehr viele Stufen gibt; da je ein Araber einen Arm packte und beide von Stufe zu Stufe emporsprangen und uns mit sich rissen, wodurch sie uns zwangen, jedesmal die Füße bis in Brusthöhe zu heben und das rasch zu tun und fortwährend zu tun, bis wir beinahe ohnmächtig wurden - wer wird da noch sagen, daß es kein lebhafter, erheiternder, zerfleischender, muskelzerreißender, knochenverdrehender und ausgesprochen quälender und marternder Zeitvertreib wäre, die Pyramide hinaufzuklettern?

Ich sank auf dem Gipfel nieder, erschlafft und erschöpft, aber glücklich. Auf der einen Seite

Noch immer Weltwunder: die Pyramiden von Gizeh bei Kairo, am größten die des Cheops, 146 Meter hoch.

dehnte sich ein mächtiges Meer gelben Sandes bis zum Ende der Welt; auf der anderen lag das Eden Ägyptens unter uns ausgebreitet – eine weite grüne Ebene, zerteilt von dem gewundenen Fluß, mit Dörfern betupft. Zu unseren Füßen blickte die sanfte, unzugängliche Sphinx von ihrem Thron im Sand so gelassen und nachdenklich auf diese Szene hinab, wie sie vor vollen fünfzig dahinschleichenden Jahrhunderten auf deren Ebenbild hinabgeblickt hatte. *(Mark Twain, 1867)*

Abu Simbel. Ein Fels am linken Nilufer zwischen dem ersten und zweiten Katarakt, Abu Simbel (»Vater der Kornähre«) genannt, weil er an der Flußseite das Basrelief eines Mannes mit einem angeblichen Kornmaß trägt, berühmt durch zwei von Burkhardt 1817 aufgefundene altägyptische Tempel, die aus dem Felsen gehauen sind und an Größe und Kunst den schönsten Denkmälern Thebens gleichkommen. Sie wurden auf Befehl des Königs Ramses II. ausgeführt und sind ihm selbst und seiner Gattin Nofrateri geweiht.

Den Eingang des größeren Tempels, der in einer Breite von 36 Meter und einer Höhe von 32 Meter aus dem Felsen ausgehauen ist, zieren vier kolossale, auf Thronen sitzende Statuen des Königs von vortrefflicher Arbeit, 20 Meter hoch, eine davon leider des Kopfes und der Arme beraubt. Das Innere besteht aus einem großen Hauptsaal, einem kleinen Saal und einem länglichen Gemach mit drei Nischen, deren mittelste das Allerheiligste enthält. *(Meyers Konversations-Lexikon, 1897)*

Das Niltal aus der Vogelschau, stark verkürzt.

Ägyptisches Fest beim Tempel von Abu Simbel.

Suezkanal. Am 12. März (1885) fuhren wir in den Busen von Suez ein; die Fahrt durch diesen Busen gehört zum Schönsten der ganzen Reise. Der Sinai war zwar nicht sichtbar, jedoch benachbarte Berge, und dann war die See so ruhig und klar wie ein Spiegel. Rechts und links konnte man die Küste verfolgen, sich auch vorstellen, wo etwa die Israeliten vorbeigezogen waren.

Am 15. März mittags zwei Uhr fuhren wir in den Kanal ein. Die Fahrt durch den Kanal war äußerst angenehm und unterhaltend. Er ist so schmal, daß zwei Schiffe sich nicht ausweichen können. Drum gibt es alle zwei Stunden Haltstationen wie auf der Eisenbahn. An diesen Haltstellen sind große Bassins, wo zwei und mehr Schiffe bequem Aufnahme finden können. An einer solchen Haltstelle fuhren einmal zwölf Schiffe an uns vorüber, darunter ein prächtiges französisches Kriegsschiff, das Truppen nach China zu befördern hatte.

Es darf nur ganz langsam gefahren werden, und so rannten auf dem naheliegenden Ufer Kinder mit uns und bettelten um irgend etwas. Wir warfen Orangen und dergleichen hinüber, und die Kinder balgten sich um die Gegenstände. Auf der Hinausfahrt traf es sich, daß wir gerade noch den Ismailiasee erreichen konnten und dort vor Anker lagen. Die Fahrt durch den Kanal kostet das Schiff ein schön Stück Geld, so etwa wie 1500 Pfund Sterling (30000 Mark), aber die Kosten für die Instandhaltung dieses Wunderwerks müssen auch ganz riesige sein, denn es handelt sich um einen steten Kampf gegen die Versandung. *(Stephan/Neumann/Burmester, 1885)*

Suez am Roten Meer. Als die Zeichnung entstand, gab es den Suezkanal noch nicht. Er wurde 1869 eröffnet.

Tunesien

Karthago. Unser Weg führt uns zunächst nach dem »heiligen« Dorfe Sidi bu Said. Von dem Leuchtturme, welcher sich hier erhebt, hat man den schönsten Überblick über das weite Meer; über die Berge bis zum Kap Bon, dem letzten Ast des Atlasgebirges, und über die versandeten Häfen der zerstörten Weltstadt, in welchen einst die Flotten ankerten, die das Mittelmeer beherrschten, die Flotten, die zum Schutze der nachmaligen Feindin Roms aufgeboten, mit Rom gegen Pyrrhus kämpften, die Sizilien eroberten.

Heute erscheinen beide Häfen, der ehemals runde Kriegshafen wie der längliche Handelshafen, nur noch als mäßig große Teiche, und die Zeit wird kommen, wo selbst ihre Spur verschwunden ist. Welches Leben einst in diesen Häfen! Hier ankerten die fünfdeckigen Galeeren, welche Tarent und Syrakus bedrohten, hier herrschte ein Treiben wie etwa jetzt im Hafen von Malta.

Soweit fast, als der Blick reicht, am Meere beginnend und wieder am Meer endend, liefen fast 40 Kilometer lange, dreifache Mauern um das karthagische Stadtgebiet. 13 Meter waren sie hoch und von 20 zu 20 Meter erhoben sich Verteidigungstürme, gegen 2000 insgesamt.

In den dicken Mauern befanden sich Stellungen für das wichtigste Kriegsmaterial der Karthager, für 300 Elefanten, und ferner für 4000 Pferde. Auch lagerten in den Kasematten dauernd 24 000 Soldaten, Fußvolk und Reiter. *(R. Davidsohn, 1886)*

Die Ruinenstadt von Karthago in Nord-Tunesien, am Golf von Tunis – einst Ziel vieler Bildungsreisender.

Nordafrika

Oasen. Altägyptisch Uit, koptisch Uah, arabisch Wah, griechisch Uasis oder Auasis, deutsch Oasen - so heißen die in Wüsten, besonders in Nordafrika, vorkommenden kulturfähigen Landstriche in von Höhenzügen umgebenen Vertiefungen, die entweder durch einen kleinen, aus dem spärlichen Regenwasser angesammelten Bach oder See bewässert werden oder aus Quellen, die einer der umgebenden Hochflächen entspringen. Diese Wasseransammlungen bedingen die Bewohnbarkeit der Oasen, indem sie eine rege Vegetation hervorrufen.

Der Charakterbaum der Oasen Nordafrikas, die Dattelpalme, bildet gegenwärtig große zusammenhängende Waldungen, welche ihr Entstehen jedoch der Kultur verdanken. Ebenso ist die Baumzucht und der beschränkte Ackerbau überhaupt erst durch künstliche Bewässerung des Bodens möglich geworden. Wie die Oasen vor der Kultur bewachsen waren, läßt sich jetzt nicht mehr nachweisen. Im übrigen entspricht natürlich die Flora der nordafrikanischen Oasen derjenigen der Sahara, und wie in den Wadis, d.h. den tiefen Einschnitten des Wüstenplateaus, nur zur Regenzeit, so entwickelt sich in den durch unterirdische Quellen gespeisten Oasen fortdauernd eine lebhaft grüne Grasdecke, auf der neben Dorngebüschen die Zwergpalme (Chamaerops humilis), der Tamariskenbaum (Tamarix africana) und Pistazien wachsen. Die Oasen bestimmen die Richtung der Karawanen in der Wüste und bilden unentbehrliche Ruhepunkte für dieselben, wo sie Wasser aufnehmen und sich verproviantieren. *(Meyers Konversations-Lexikon, 1897)*

Oase Misda in der Sahara. Wer sie vor hundert Jahren besuchen wollte, war auf eine Kamelreise angewiesen.

Ostafrika

Auf Löwenjagd. Ich verfolgte meinen Weg über Steine und durch dichtes Dorngebüsch, als ich plötzlich einen Anblick bekam, der mich eine Haltung einnehmen ließ, welche mir sicher donnernden Beifall von allen Rängen eines Theaters eingebracht haben würde. Ein prächtiger Löwe lag etwa 15 Schritt vor mir in süßer Ruhe. Ich war ohne Waffen. Mich niederduckend, begann ich mich zurückzuziehen, behielt aber sorgsam die schlafende Majestät im Auge. Bald begegnete ich meinen Leuten. Ich ergriff ein Snider-Gewehr und kroch wieder vor, Zoll um Zoll.

Ich kam auf 30 Schritt, auf 20 Schritt heran, noch immer beachtete mich das Tier nicht. Den Erfordernissen der Jagd war nach meiner Meinung jetzt Genüge getan. Ich mußte jetzt Feuer geben! Es gab einen fürchterlichen Donner und ein schmerzliches Ächzen, als mein Knie sich mit erschrecklichem Nachdruck gerade auf die Spitze eines Dorns senkte. Ich blickte auf, um mein Wild mit fürchterlichem Todesgebrüll hoch in die Luft springen zu sehen. Aber nichts geschah. Es mußte mausetot geschossen sein, dachte ich, aber um sicherzugehen, feuerte ich nochmals. Keine Wirkung! Ich sprang in die Höhe und schrie meinen Leuten zu, sie sollten kommen und sehen, was ich getan hätte.

Sie kamen bald näher und frohlockten vor Aufregung. Ich war noch nicht viele Schritte weit gekommen, als es mir war, als ob ich einen Schlag vor die Stirn bekommen hätte. »Gott im Himmel!« entschlüpfte es mir von den Lippen. Der Löwe war wirklich tot wie Stein. Ich hatte auf einen Felsblock geschossen! *(J. Thomson, 1886)*

Auf Löwenjagd in Ostafrika um das Jahr 1890. Der Zeichner betitelte sein dramatisches Opus »Ein Löwenmahl«.

Zentralafrika

Tschadsee. Der größte Landsee im mittleren Sudan in Afrika, von den Arabern Bahr es-Salam genannt, bedeckt gewöhnlich eine Fläche von 27000, nach der Regenzeit 50000, zur trockenen Jahreszeit 11000 Quadratkilometer. Nachtigal hat die Wassermenge, die der Tschadsee infolge von Regen und Zuflüssen erhält, auf 100, die Verdunstung auf 70 Kubikkilometer berechnet. Da der See keinen sichtbaren Abfluß besitzt und trotzdem ein süßes Wasser ist, so vermutet Nachtigal, daß er unterirdisch in nordöstlicher Richtung bis nach Egei und Borku abfließt.

Der See liegt in einer so seichten Mulde, daß man ihn an einzelnen Stellen viele Stunden weit zu Pferde durchwaten kann. Die Ufergegenden sind meist versumpft, mit hohen Papyrusstauden umsäumt; im Nordosten nehmen sie steppenartigen Charakter an; nur im Süden tritt die Vegetation in tropischer Fülle auf. Die östliche Hälfte des Sess wird von einem Netz von mehr als hundert kleinen Inseln überdeckt.

Obwohl der Tschadsee sich in keiner Weise zur Schiffahrt eignet, so trachteten doch in den letzten Jahren Deutsche, Engländer und Franzosen danach, ihn zu beherrschen. Durch den Deutsch-Englischen Vertrag vom November 1893 und den Deutsch-Französischen Vertrag vom März 1894 wurde der Wettstreit beigelegt: die Westseite von Barrua bis zum Mbulu fiel in die englische, die Südseite bis zum Schari in die deutsche und vom Schari bis noch unbegrenzt nach Osten in die französische Interessensphäre. Es ist nicht unwahrscheinlich, daß schon Ptolemäus vom Tschadsee wußte. *(Brockhaus' Lexikon, 1898)*

17000 Quadratkilometer groß ist die offene Wasserfläche des Tschadsees. Sein Süßwasser ist natronhaltig.

Südafrika

Bei den Zulus. Landschaftlich war der Weg sehr schön, zu beiden Seiten dehnten sich grüne, mit Wiesen, stellenweise auch mit Wald bedeckte Berg- und Hügelketten aus; Bäche und Flüsse gab es in Menge; die Mais- und Hirseäcker der Zulus waren gut bestellt; kurz, das Land erschien reich und fruchtbar. Eingeborene sah ich täglich viele Hunderte, und während der ganzen Fahrt passierten wir unzählige kleine oder größere Dörfer.

Stets schlossen sich mir unterwegs Zulus an, die aus reinem Vergnügen neben meinem Wagen hertrabten; der Zulu ist überhaupt ein so leidenschaftlicher Läufer, daß er beinahe nie im Schritt geht, immer trabt oder springt er in mächtigen Sätzen. Auch die Mädchen, sofern sie nicht mit Feldfrüchten schwer beladen im Gänsemarsch einherzogen, begleiteten mich oft auf weite Strecken. Wenn es mir gefiel, spannte ich meine Pferde in der Nähe eines Krals aus und ging ruhig in das Dorf. Die Kinder und Mädchen liefen zuerst schreiend davon, in wenigen Minuten hatte ich mich aber mit den älteren Leuten angefreundet.

Die Männer schneiden und nähen sich, ebenso wie sie sich allein um das Vieh bekümmern, ihre äußerst geschmackvollen Lendenschurze aus Leoparden- oder Ochsenfellen selbst zusammen; am liebsten aber beschäftigen sie sich mit ihrer Frisur oder rauchen Dacha: eine Handvoll Hanfblätter wird auf die Erde gelegt, darauf ein Stück brennender Mist; beides deckt man dann mit Erde zu, bohrt mit dem Finger von beiden Seiten Luftlöcher, und die Pfeife ist fertig. Einer nach dem andern legt sich auf den Bauch und tut ein paar tiefe Züge. *(W. Joest, 1886)*

Die Zulus in Südafrika bei einem Stammestanz. Bis 1879 gab es 63 Jahre lang ein eigenes Zulu-Königreich.

Victoriafälle des Sambesi. Um 12 Uhr 8 Minuten am Montag, dem 20. Juni 1870, kam ich endlich bei den Victoriafällen an. In der Breite von einer viertel deutschen Meile kommt der majestätische Strom von Nordnordwest und stürzt seine Fluten etwa 110 Meter tief herunter, in eine quer durch sein Bett setzende Felsenschlucht, deren Breite zwischen 80 und 100 Meter schwankt. Nahe dem Fall eilt das Wasser mit fliegender Schnelligkeit dahin, die langgezogenen Schaumbänder, die man überall sieht, verleihen dem Element das Ansehen, als ob es koche.

Nahe dem westlichen Rande liegt eine kleine Insel, etwa 40 Meter vom Ufer entfernt. Der Zweig des Stromes hier scheint eine große Tiefe und das Bett eine starke Neigung zu haben, denn das Wasser stürzt sich heulend und in mächtigen Wirbeln brausend in einem Satz wie eine Meereswoge zur Tiefe hinunter. Nun kann man an dieser Stelle, ganz auf der westlichen Ecke, auf eine etwas hervorspringende Felskante heraustreten, was aber nur solchen Reisenden zu empfehlen ist, die ganz frei von Schwindel sind.

Dann erblickt man links dicht neben und unter sich den eben beschriebenen Sturz, in Front die lange Linie des großen Falles, die aber immer nur teilweise sichtbar ist, denn die mit der Flut herabgedrückte, zusammengepreßte und mit Wasserteilchen gefüllte Luft befreit sich gewaltsam, steigt wirbelnd zur Höhe empor und ist die Ursache der Dampf- und Nebelwolken. *(E. Mohr, 1886)*

Südlich von Maramba stürzen die Wasser des Sambesi in eine 110 Meter tiefe Schlucht: die Victoriafälle.

Asien

Asien ist die Wiege der Völker, der Ursitz aller Gesittung
und der Mittelpunkt der ganzen Weltgeschichte;
das Christentum hat in Asien seinen Ursprung und seinen Ausgang genommen.
Die ganze alte Geschichte hat in Asien ihren Angelpunkt,
von Asien aus sind die Völker vorgedrungen über Nordafrika und Europa
und haben die Bildung westwärts getragen bis nach Amerika;
wie die Kultur Amerikas eine Tochter der europäischen ist,
so ist Europa eine Tochter von Asien.
A.W. Grube

Fernziel Japan: Diesen Korbhändler hielt der Zeichner um 1870 mit dem Stift fest.

Israel

Jerusalem. Es hat mehrere Tage gedauert, bis wir nur einigermaßen Geschmack an Jerusalem gewinnen konnten, und Freude daran haben wir auch heute noch nicht. Die Stadt als solche ist charakterlos. Man kann hier alles Mögliche sehen und finden, aber keinen einheitlichen Grundzug. Auf der einen Seite sind moderne Häuser deutscher oder englischer Anlage, auf der andern ist ein Wust von Gemäuer, das gar nicht nach den Begriffen Straße und Haus gegliedert werden kann, ein Flickwerk von vielen Jahrhunderten.

Nirgends in Jerusalem außer auf dem Platz der Omarmoschee (= des Felsendoms) findet das Auge an Steinen und Mauern seine Freude. Die alte Zitadelle ist ein Koloß ohne Glieder, die Mauer ist eine Klippe, um die der Schutt Wellen von zehn oder zwanzig Meter wirft. Die Stadt selbst ist ein Augiasstall, für den noch kein Herkules gekommen ist. Seit Jahrtausenden wird hier für zwanzig- oder vierzigtausend Menschen Speise hereingebracht, und nur der geringste Teil dieser Stoffe hat die heilige Stadt wieder verlassen. Es gibt im armenischen und jüdischen Quartiere Stellen, wo man umkehrt, obwohl der Weg weitergeht. Diese Dinge muß man vor sich gehabt haben, wenn man die grundverschiedenen Urteile der Pilger über Jerusalem würdigen will.

Wir gehörten nicht zu den Glücklichen, die eine heilige Stadt auf Erden gefunden haben. »Hin ist hin, jetzt haben sie den Türken«, wie Dr. Luther sagt. Wir sahen uns genötigt, eine ganz scharfe Scheidung vorzunehmen zwischen den vergangenen Tatsachen unseres Glaubens einerseits und dem heutigen Jerusalem andererseits. Beides geht sich nichts an. Nur so können wir den Aufenthalt an diesem Ort ertragen. *(F. Naumann, um 1896)*

Der Tempelberg von Jerusalem, vom Ölberg aus gesehen. Die mittlere Kuppel gehört zum Bauwerk des Felsendoms.

Libanon

Tempel von Baalbek. Um elf Uhr fielen unsere Blicke auf die Mauern und Säulen von Baalbek, einer prächtigen Ruine, deren Geschichte ein Buch mit sieben Siegeln ist. Wer es erbaut hat oder wann es erbaut worden ist, das sind Fragen, die vielleicht niemals eine Antwort finden werden. Eines jedoch ist sicher: die Großartigkeit der Anlage und die Anmut der Ausführung, wie man sie an den Tempeln von Baalbek sieht, haben in keinem Werk aus Menschenhand, das innerhalb der vergangenen zwanzig Jahrhunderte errichtet worden ist, ihresgleichen gefunden.
Der große Sonnentempel, der Jupitertempel und verschiedene kleinere Tempel stehen zusammengedrängt mitten in einem dieser elenden syrischen Dörfer und nahmen sich in solch plebejischer Gesellschaft seltsam genug aus. Diese Tempel sind auf massiven Fundamenten errichtet, die beinahe eine Welt tragen könnten; das verwendete Material sind Steinblöcke, groß wie Omnibusse, und diese Fundamente werden von gemauerten Tunnels durchquert, durch die ein Wagenzug fahren könnte. Der Sonnentempel ist beinahe 300 Fuß lang und 160 Fuß breit. Ihn haben 54 Säulen umgeben, aber jetzt stehen nur noch sechs - die anderen liegen als verworrener und malerischer Haufen zerbrochen auf dem Fundament. Man fragt sich, wo diese ungeheuren Dinger herkommen, und braucht einige Zeit, um sich davon zu überzeugen, daß die ätherischen Bildungen, die hoch über den Köpfen schweben, aus ihresgleichen bestehen.
Die Ruine des Jupitertempels ist kleiner, und doch ist der Tempel ungeheuer groß. Er befindet sich in einem leidlich erhaltenen Zustand. Eine Reihe von neun Säulen steht noch fast unversehrt da. *(Mark Twain, 1867)*

Der Sonnentempel zu Baalbek im heutigen Libanon, Überbleibsel einer riesigen römischen Tempelanlage.

Türkei

Istanbul (Konstantinopel). Vom Ankerplatz oder von einem Punkte aus, der etwa eine Meile den Bosporus hinauf liegt, ist Konstantinopel bei weitem die herrlichste Stadt, die wir gesehen haben. Seine dichtgedrängten Häusermassen steigen vom Ufer empor und breiten sich über die Kuppen vieler Hügel aus; und die Gärten, die hier und da herauslugen, die großen Kuppeln der Moscheen und die zahllosen Minarette, auf die das Auge überall fällt, geben der Metropole das erträumte wunderliche orientalische Aussehen.

Konstantinopel bietet ein prächtiges Bild. Aber sein Reiz beginnt und endet bei seinem malerischen Anblick. Von dem Zeitpunkt an, da man an Land geht, bis man wieder zurück ist, verabscheut man es. An Land war es - ja, es war ein ewiger Zirkus. Die Menschen schwärmen dichter als Bienen in diesen engen Straßen, und die Männer waren in die unerhörtesten, fremdartigsten, heidnischsten, überspanntesten Donner-und-Doria-Trachten gekleidet, die sich nur jemals ein Schneider im Delirium tremens ausdenken kann.

Die Läden hier sind bloße Boxen, Badezimmer, Kämmerchen - man nenne sie, wie man will - im Erdgeschoß. Die Türken sitzen mit übereinandergeschlagenen Beinen darin, arbeiten und rauchen lange Pfeifen und riechen wie - wie Türken. Das sagt alles. Auf der engen Straße vor ihnen drängen sich Bettler, die immerzu betteln, aber nie etwas bekommen; und wunderliche Krüppel, Vagabunden und Straßenhändler. Zwischen den hastenden Füßen schlafen glücklich und seelenruhig die berühmten Hunde der Stadt. Eine Straße in Konstantinopel ist ein Bild, das man einmal gesehen haben muß - nicht öfter. *(Mark Twain, 1867)*

Konstantinopel, heute Istanbul, mit dem Goldenen Horn, der sieben Kilometer langen Hafenbucht.

Iran

Teheran. Hier erinnert nichts an eine Großstadt. Als ich bei meiner Ankunft in unmittelbare Nähe der Stadt gelangt war, ja, als ich bereits die Tore passiert hatte, wegen Unkenntnis der Sprache aber keine näheren Erkundigungen einziehen konnte, schien es mir unglaublich, daß ich wirklich die persische Residenzstadt vor mir hätte.

Teheran, in der trockenen Hochebene am südlichen Abhang der Elburskette gelegen, bildet ein unregelmäßiges Polygon, von neun geraden Linien begrenzt. Das heutige Teheran ist strenggenommen nur eine Fortsetzung oder Verrückung der alten mächtigen Stadt Rages, welche vielfach durch Kriege verheert, von den Mongolen unter Dschingis und Tamerlan zerstört, endlich ganz unter Trümmern begraben wurde, und deren Wiederaufbau Aberglaube und Vorurteil verhinderten, da die Sage ging, sie sei wegen ungastlicher Aufnahme eines Nachkommen des Propheten Ali von diesem verflucht.

Im Umfang von acht Kilometern ist die Stadt Teheran durch einen Erdwall aus gestampftem Lehm, worauf hundert Türme errichtet sind, und von einem Graben umgeben. Teheran macht Anspruch darauf, eine Festung von Bedeutung zu sein. Dabei sind die Mauern vom Wasser so abgeschwemmt, daß einzelne Personen im geheimen den Weg über sie nehmen, ja, an einer Stelle, wo die Wasserleitung durchzieht, hat sich die Jugend einen Eingang gesucht. *(I.E. Pollak, 1892)*

Vor der majestätischen Kulisse des Elbursgebirges: Teheran, Hauptstadt von Persien seit 1786.

Indien

Agra, Tadsch Mahal. Es gibt unter den zahlreichen Prachtbauten Indiens kein Bauwerk, das auch nur annähernd so das Auge entzückt und das Gemüt ergreift wie der Tadsch Mahal, diese wunderbare, versteinerte Elegie, die unter den Bau- und Kunstwerken der Erde an Schönheit unumstritten den ersten Platz einnimmt. Ging doch eine vornehme englische Dame in ihrer Begeisterung so weit, zu sagen: »Was ich denke, kann ich nicht sagen; aber ich fühle, daß ich morgen sterben möchte, wenn ein solches Denkmal meine Gebeine bedeckte.«

Der Eindruck, den Agra mit seinen 188000 Einwohnern macht, ist verblüffend und überwältigend, mit seinen herrlichen Moscheen, unter denen die Perlmoschee wohl die schönste ist, seinem gewaltigen Fort und dem mächtig dahinrauschenden Fluß. Aber was will all diese Pracht gegen den Tadsch Mahal, dessen ganze riesenhafte und doch so gleichmäßige, graziöse Anlage das Wort rechtfertigt: »Giganten scheinen den Bau begonnen, Juweliere ihn vollendet zu haben.«

Schon der Eintritt in dies lieblich erhabene Wunder stimmt weihevoll: »Wer reinen Herzens ist, wird eingehen in die Gärten Gottes«, steht über dem Portal, und diese Stimmung hält an, wenn man im runden Grabgewölbe unter der prächtigen Kuppelhalle steht und die schlichte Grabinschrift liest: »Hier ruht Mumtaz-i-Mahal, die erhabene Herrscherin des Palastes, Allah allein ist groß.« Neben ihr ruht der Gatte Schahdschahan, der für sein eigenes Grabmal, dem Tadsch Mahal gegenüber, schon 40 Millionen bereitgestellt hatte, von seinem Sohn aber entthront und nach seinem Tod neben der Gattin beigesetzt worden ist. Stimmungsvoll ist auch die Umgebung des Grabmals, der Krone aller indischen Grabpaläste. *(H. Gehring, um 1908)*

Der Tadsch Mahal bei der ostindischen Stadt Agra, Grabmal für die Lieblingsfrau Kaiser Schahdschahans.

Felsentempel von Ellora. Die wunderbarsten Höhlentempel liegen im Nordwestwinkel des größten unter den Eingeborenenstaaten Indiens, Hyderabad, bei dem Dorfe Ellora. Dort erhebt sich aus der steinigen Ebene ein gegen 200 Meter hoher bewaldeter Höhenzug, und in diesem liegen eine ganze Reihe von Tempeln der Buddhisten, Brahmanen und Dschaina, dazu Klöster und Einsiedlerzellen so verborgen, daß man ihr Vorhandensein gar nicht ahnt. Und doch enthalten sie auf einer Strecke von etwa drei Kilometer die größten Wunderwerke der Bildhauerkunst Asiens.

Der mächtigste Tempel kann nicht als Höhlentempel bezeichnet werden, er ist mehr als ein solcher. Die drawidischen Erbauer dieses aus dem achten Jahrhundert stammenden Wunders meißelten den Tempel mit all seinen herrlichen Hallen, Seitenkammern, Pfeilern, Säulen, Nischen, Toren, Statuen, Reliquienschreinen aus dem Felsen heraus und schmückten alles mit kunstvollen Skulpturen, ohne auch nur eine handgroße Fläche davon frei zu lassen. Dann legten sie das Stück Felsen, das all diese vielen um die Mittelhalle angeordneten Räume enthält, dadurch frei, daß sie ringsum weite Zwischenräume zwischen dem Gebirge und dem Tempelfelsen herausmeißelten, eine Arbeit für Titanen! Dann gestalteten sie, wieder mit dem Meißel, den nunmehr freistehenden rohen Felsen zu einem architektonischen Wunderwerk.

Der ganze Riesentempel, wie er zwischen seiner Felsenumgebung sich erhebt, besteht also aus einem einzigen Stück, geradeso wie Elfenbeinschnitzer aus Elefantenzähnen die zierlichsten Schnitzereien herausarbeiten. Die Skulpturen dieses Tempels sind beinahe so zart und kunstvoll ausgeführt, als wären wirklich Elfenbeinschnitzer am Werk gewesen. An den Wänden sind ganze Schlachten mit unzähligen Figuren ungemein lebenswahr dargestellt, dazu Szenen aus der Hindumythologie. *(E.v. Hesse-Wartegg, 1905)*

Die Felsentempel von Ellora im einstigen Staat Hyderabad und heutigen Indien: »Unübertroffen großartig«.

China

Peking. In einer Ebene, die im Norden halbkreisförmig von Gebirgen umragt wird, liegt Chinas kaiserliche Residenz. Es ist eine verfallene Stadt, und die Tage ihres Glanzes gehören der Vergangenheit an; aber auch heute gewährt sie dem Besucher den Eindruck ernster Großartigkeit.

Gewaltige Umfassungsmauern, 13 Meter hoch, unten 20 Meter, oben elf Meter breit, schließen in einer Gesamtlänge von 24 Kilometer den älteren Teil, die Mandschustadt, in Form eines von Ost nach West ausgedehnten breiten Rechtecks ein. An der Südseite schließt sich die später gebaute Chinesenstadt an, noch stärker von Ost nach West gestreckt und ein wenig über die Breite der nördlichen Stadt übergreifend. Die Lage der mächtigen, besonders befestigten Tore wird durch hoch aufragende, mehrstöckige Wachtgebäude bezeichnet, welche die Gleichförmigkeit der langgedehnten Mauerlinie malerisch unterbrechen.

Wie die meisten Städte von China gewährt auch Peking den Eindruck des Unvermittelten und Unmotivierten durch die jeder normalen Entwicklung fremde Willkür, mit welcher der landschaftliche Wechsel der Gegend unharmonisch durch außerordentlich augenfällige, mathematisch abgezirkelte Linien unterbrochen wird. In China erhält man bei vielen Städten den Eindruck, als sei durch einen Akt despotischer Willkür, mit geringer oder gar keiner Rücksicht auf natürliche Verhältnisse oder Terrainformen, erst eine große Umfassungsmauer in Gestalt eines nach den vier Kompaßrichtungen genau orientierten Quadrates oder Rechtecks gebaut, und dann die

Die Geschichte Pekings, der »nördlichen Hauptstadt« und Metropole Chinas, ist über 3000 Jahre alt.

Bevölkerung in den umschlossenen Raum aufgenommen worden. In vielen Fällen, darunter auch in demjenigen von Peking, bestätigt die Geschichte die Richtigkeit des Eindrucks.

Stellen wir uns auf denjenigen Teil der Umwallung, welcher die beiden Städte trennt, so blicken wir hinab in das Gewimmel der Straßen und auf ein doppeltes Meer von Häusern. Hoch darüber erheben sich in der Mandschustadt die barocken, mit gelbglasierten Ziegeln gedeckten Schnörkeldächer der weitläufigen Baulichkeiten des kaiserlichen Palastes, die gelben und grünen Dächer der Tempel, die Moschee der Mohammedaner, der Turm der katholischen Kathedrale, während im Süden der in seinem Stil einzig dastehende Tempel der Sonne und der Tempel der Erde den Blick fesseln. *(F. v. Richthofen, 1892)*

Gerichtsverhandlung in China. Mitten in der Gerichtshalle lagen vor einem Tisch, an dem ein alter ehrwürdiger Chinese mit riesengroßer Hornbrille Platz genommen hatte, im Halbkreis die beiden streitenden Parteien auf den Knien, die Hände auf den Boden gestützt. Neben ihnen stand je ein Advokat und ringsum ein andächtiges Publikum. Es handelte sich um die Vorenthaltung eines Erbteils. Die Advokaten plädierten, der Richter stellte Fragen, tat dazwischen ein paar Züge aus einer langen Metallpfeife, die von einem Diener gehalten wurde, und fällte schließlich das Urteil des Inhalts, daß die beklagte Partei zu zahlen habe und außerdem - geprügelt werden sollte. Während eine andere Partei ihre Klagen vorbrachte, nahm der Büttel einen nach dem andern von den Verurteilten vor sich, ließ sie mit ausgestreckten Gliedmaßen auf den Bauch legen und begann sie mit einem Bambusrohr zu verprügeln. *(H. Meyer, 1892)*

Auf europäische Besucher machte die Beamtenhierarchie des alten China (hier: Gerichtssitzung) viel Eindruck.

Japan

Kioto. In einer Stadt wie Kioto, die im Verlauf eines Jahrtausends einer langen Reihe von Kaisern als Residenz gedient hat, sollte man großartige Paläste der göttergleichen Herrscher über das schöne Inselreich erwarten, mit prächtigen Kunstschätzen, dazu Denkmäler und Prachtbauten. In dem Gewirr von Holz- und Papierhäuschen sind in der Tat viele Morgen Grund der Kaiserresidenz vorbehalten und mit einer hohen Mauer umschlossen, doch die Gebäude innerhalb derselben sind auch nur solche aus Holz und Papier. Schöner und größer ist der einstige Palast der Schogune, mit einem goldstrotzenden Audienzsaal, in dem diese tatsächlichen Beherrscher des japanischen Reiches die in den prächtigsten Gewändern prangenden Feudalfürsten des Landes empfangen haben. Die Revolution kam; der Kaiser, die Schogune verdrängend, machte ihre Residenz in Tokio zu der seinigen, und die Residenzen von Kioto sind nunmehr leere Hüllen, wie die Puppenhülsen, denen die Schmetterlinge entflogen sind. Viel interessanter als diese Residenzen sind die Buddha- und Schintotempel der Stadt, nicht weniger als 3000 an der Zahl, mit 8000 Priestern. *(E. v. Hesse-Wartegg, 1900)*

Kioto auf der japanischen Insel Hondo war einst kaiserliche Residenz. Das Bild zeigt den Nidscho-Palast.

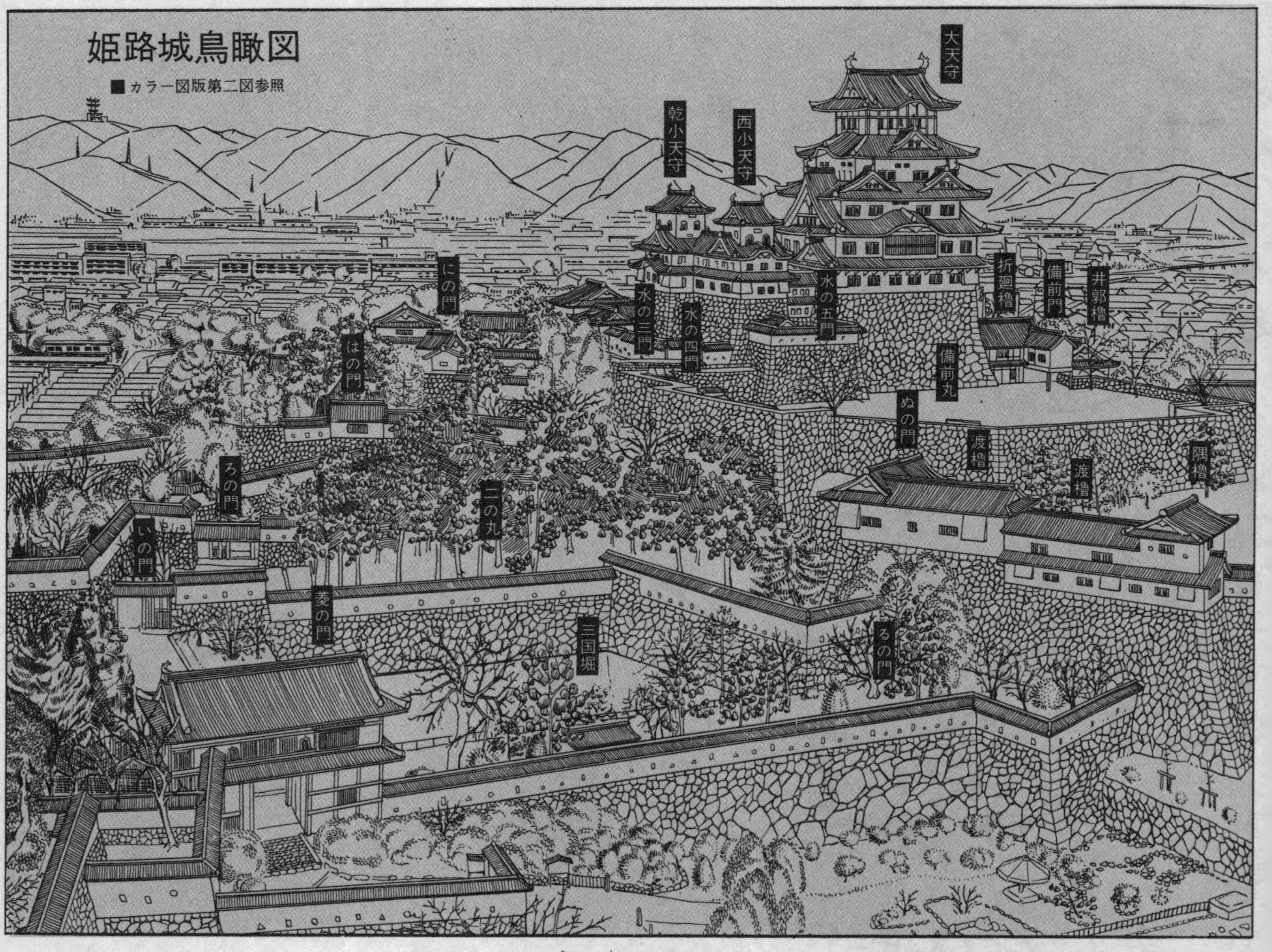

Zentralasien

Himalaja. Von Kalkutta aus ist der Himalaja, dieser mächtigste Gebirgswall der Erde, am bequemsten zu erreichen. Eine Eisenbahn fährt von den Gangesufern bis in das Herz der Vorberge hinauf auf ungefähr 2300 Meter Höhe, doch braucht man immerhin einen Tag, um von der dumpfen, fiebergeschwängerten und feuchten, drückend heißen Tiefebene des Ganges nach Dardschiling zu gelangen. Dardschiling ist einer der vielen Luftkurorte, welche die Engländer am Südhang des Himalaja angelegt haben.

Der erste Gang jedes Besuchers von Dardschiling gilt dem Observatory Hill, von wo man die ganze Himalaja-Kette erblicken kann - wenn man Glück hat. Als ich oben stand, genoß ich dieses Glück in der Tat, denn die Wolken hatten sich zerteilt, und die höchsten Erhebungen des Erdballs lagen in unbeschreiblicher Majestät vor mir, über mir. Zwischen acht- und neuntausend Meter hoch türmten sich rings um meinen Standpunkt die gewaltigsten Felsmassen, die größten Gletscher, die dräuendsten Granitmauern auf.

Allmählich hoben sich die Wolkenmengen, die unten das weite Amphitheater erfüllten, zogen gegen die Himalajariesen, eroberten sich in schwerem Aufwärtsfluge Stück für Stück, und endlich verhüllten sie sie ganz, wie ein Vorhang, der sich vor das erhabenste Schauspiel der Erdenwelt legt. Ich konnte mich des Eindrucks nicht erwehren, ein Stück der Weltordnung mit angesehen zu haben. Nirgendwo erschien mir die Gegenwart des Allmächtigen so nahe, nirgends die eigene Ohnmacht so groß wie hier. *(E. v. Hesse-Wartegg, um 1905)*

Der Himalaja, das mächtigste Gebirgssystem der Erde, in Zentralasien mit dem 8848 Meter hohen Mount Everest.

Indonesien

Bei den Papua auf Neuguinea. Wir eilten weiter, wobei wir oft von unangenehmen Dornen zerrissen wurden, bis wir die offene herrliche Ebene vor uns hatten und bei diesem Anblick in Entzücken ausbrachen. An den Abhängen wurden Bananen- und Yamspflanzungen sichtbar; ein Kuckucksfasan erhob sich beinahe unter den Füßen meines Pferdes; Fliegenfänger schwirrten aus den Dickichten, welche wir streiften. Endlich gelangten wir nach Verentu, einem Dorfe, wo ein Missionszögling von Port Moresby jeden Sonntag Gottesdienst abhält. Diese Dörfer sind schon so weit zivilisiert, daß man hier die Tage der Woche kennt und daher weiß, an welchem Tage der Prediger zu erwarten ist.

Ein fettes Schwein wurde geschlachtet, auch eine Menge Bananen wurde eingesammelt, da ein großer Tanz bei Mondschein stattfinden sollte. Nachdem wir an die angesehensten Leute einige Geschenke ausgeteilt, brachen wir wieder auf und gelangten auf eine ausgedehnte, unfruchtbare Ebene; am Kamm des Hügels, nach der See blickend, lag ein kleines Dorf auf hohen Pfählen so leicht und luftig erbaut, daß eine tüchtige Brise es wohl hätte fortfegen können. Wir begegneten einer Menge Frauen mit Lebensmitteln, welche sie in netzförmigen Säcken trugen, die ihnen von der Stirne herunterhingen. *(W. Wyalt Gill, 1886)*

Neuguinea war ab 1884 z.T. deutsches Schutzgebiet - daher das Interesse an Papua-Bewohnern und -Dörfern.

Ozeanien Australien

*Australien ist der jüngste unter den fünf Erdteilen.
Die erste Entdeckung in der großen Inselwelt Ozeaniens
machte Fernao Magalhaes,
der portugiesische Führer einer spanischen Flotte,
auf seiner Weltumsegelungsfahrt von Osten her am 25. Januar 1521.
A.W. Grube*

Segelboote dieser Art konnte der Reisende vor 100 Jahren vor ozeanischen Inseln treffen.

Australien

Melbourne. Ich ließ meine Sachen zur Aufbewahrung im Bahnhof und wanderte durch die belebten Straßen. Ich sah, daß die Straßen der Stadt eines gewaltigen Terrains sich rühmen dürfen und daß Melbourne im Vergleich zu Sydney, obgleich die jüngere Stadt, doch die großartigere ist.
Ich durchwanderte die aristokratische Collin Street, in der hauptsächlich die reich ausgestatteten Musikalienhandlungen und Kunsthändler sich niedergelassen haben und welche der Hauptsitz der Geldmänner ist. Alsdann durch die ihr parallel laufende, mit ihr durch glanzvolle, von Läden gefüllte Passagen verbundene Burke Street und durch die, die beiden Straßen quer durchziehenden Elizabeth Street und Swanston Street. Diese bilden die Hauptstraßen des dichten Handels und des Durcheinandersichdrängens einer dichten, rastlos sich bewegenden Menschenmenge, und diejenigen, in denen die hauptsächlichsten Vergnügungslokale sich befinden. Sechs Tage brauchte ich im ganzen, um ununterbrochen Melbourne und seine Umgebung gründlich zu durchwandern, d.h. die zahlreichen mit der Stadt verbundenen Citys, Towns und Suburbs, die eng an den Kern der Großstadt geschlossen die Metropole bilden, welche mit Recht den Namen einer Weltstadt verdient.
Melbourne liegt am Yarra-Yarra in der Nähe seiner Mündung, an der Hobson-Bai. Es bestand 1836 nur aus dreizehn Hütten, von denen drei aus Brettern zusammengeschlagen, zwei aus Schieferplatten errichtet und acht aus Torf erbaut waren. Dieser Komplex wurde Bear Gras genannt, lag in der Mitte eines australischen Busches, in einer von feindseligen Ureingeborenen damals zahlreich bevölkerten Gegend. 1842 wurde Bear Gras als Stadt und 1857 als Großstadt anerkannt und ihm der Name Melbourne, nach dem damaligen Premier des Britenreiches, Lord Melbourne, gegeben.

Melbourne, heute zweitgrößte Stadt Australiens, wurde erst 1837 gegründet. Hier die öffentliche Bibliothek.

Melbourne ist mit einem Gürtel stark bevölkerter und in modernstem Stile erbauter Vorstädte umgeben. Alle Einrichtungen, die es sich geschaffen, sind durchaus modern und zeitgemäß. Die Schulen, von den Elementarschulen an bis zur Universität und der Akademie der Schönen Künste, sind sehr gut organisiert. Wohltätige Anstalten gibt es in Hülle und Fülle, ebenso auch Theater und andere Vergnügungslokale. Es hat einen der größten und reichhaltigsten botanischen Gärten der Welt, welcher von einem Deutschen angelegt worden ist. Da das Klima sich ganz besonders für die Akklimatisation eignet, so findet man in demselben den größten Teil der verschiedensten Pflanzen und Gewächse, welche die Erde hervorbringt.

Die an der Port-Philipp-Bai gelegenen Vorstädte St. Kilda, Brighton und Williamstown besitzen viele prachtvolle Villen, die meistens von reichen Squatterfamilien oder Kapitalisten bewohnt sind. Daselbst pflegt man ein sehr vornehmes Leben zu führen. Das Vorstellen und Sichvorstellenlassen spielt bei der dortigen Geldaristokratie eine große Rolle. Als wir eines Tages bei einem Squatterkönige zu Tische geladen waren, stellte er uns seinen im Saale versammelten Freunden der Reihe nach vor, indem er bei der Nennung ihrer Zunamen stets die Bemerkung hinzufügte: »Ein Mann, soundsoviel tausend Pfund wert.«

St. Kilda, welches man von Melbourne mit der Bahn in etlichen Minuten erreichen kann, ist vermöge seiner erfrischenden Lage an der Bai für den Sommeraufenthalt ganz besonders beliebt. Daselbst befindet sich eine riesige Badeanstalt, die mit starken Palisaden eingefriedet ist. Es ist eine Anstalt, welche bezüglich ihrer Zweckmäßigkeit und luxuriösen Einrichtungen nirgendwo ihresgleichen hat. Ein Restaurant bietet den Besuchern alle erdenklichen Erfrischungen dar, und ein gut geschultes Orchester spielt in einem über dem Wasser errichteten Kiosk heitere Weisen. Die Anstalt ist namentlich abends besucht. *(C. Deisenhammer/R. Graf Anrep-Elmpt, 1886)*

Die Swanston Street in Melbourne. Bis 1955 durften die Häuser in Melbourne nicht höher sein als vierzig Meter.

Die letzten Tasmanier. 1802 wurde in Tasmanien und in Neusüdwales eine Sträflingsansiedlung gegründet. Die Eingewanderten waren den Eingeborenen nicht an Kultur, sondern nur an Verschlagenheit und Ruchlosigkeit überlegen. Im Jahr 1804 wurde der Grund zu der Hauptstadt Tasmaniens, Hobart, gelegt. Sie zählte zunächst als Einwohner 307 Sträflinge, 48 Marinesoldaten, 17 Frauen. Dieser Mangel an Frauen führte bald zu Frauenraub und damit zu Kämpfen mit den Eingeborenen. Tausende von Eingeborenen wurden getötet, die Reste ins Innere gejagt. George Augustus Robinson, ein Baumeister von Hobart, veranlaßte die Eingeborenen zur Auswanderung auf benachbarte Inseln. Dort wurden sie zivilisiert, gingen aber immer mehr an Zahl zurück. 1815 zählte man 5000 Tasmanier, 1861 noch 18, und 1876 starb mit Trucanini, der letzten Tasmanierin, ihr Stamm vollends aus. Dagegen vermehrte sich die Zahl der Kolonisten immer mehr. Von 1802 bis 1853 wurden 67700 Sträflinge (darunter 11600 Weiber) eingeführt. Dazu kamen noch freie Einwanderer hinzu. Erst Ende der siebziger Jahre wurde die letzte Strafanstalt aufgehoben. Nach der Zählung vom 31. März 1901 waren es 172500 Einwohner, von denen auf die beiden größten Städte Hobart und Launceston allein 34000 und 22000 Einwohner entfallen. Man sieht, die Engländer haben hier nicht anders gehaust als Cortez mit seinen Spaniern in Mexiko.

Die Australneger sind von magerem Körperbau, ein schwaches Geschlecht, der Unterkiefer ist stark entwickelt, wodurch die Gesichtsbildung einen tierischen Zug erhält. Der große Mund ist breit und mit schönen Zähnen ausgestattet. Die Unterlippe ist gegenüber der schwulstigen Oberlippe schlecht entwikkelt. *(Sievers-Kückenthal, um 1905)*

Die Insel Tasmanien gehört zu Australien. Die hier fröhlich badenden Tasmanier wurden schon 1876 ausgerottet.

Neuseeland

Geysergebiet der Nordinsel. Besonders sehenswert ist die 2,5 Kilometer von der Bahnstation Rotorua entfernte Gruppe von heißen Quellen. Da findet sich ein Teich, dessen Wasser eine Temperatur von nahezu 100 Grad Celsius hat, ein mit heftig kochendem Schlamm erfüllter Krater, eine Gruppe von kleinen Dampfstrahlen, welche die Eingeborenen zum Kochen benützen, und dergleichen mehr. Vielerorts ist der Boden mit Kieselsinter bedeckt.

Interessanter ist die Höllenpforte von Titikere, ein breites Tal, dessen Boden von heißem Wasser und Dampf ganz durchwühlt ist. In der Mitte liegen zwei kleine siedende Seen, von denen dichte Dampfwolken und Schwefelwasserstoffgas emporsteigen. Eine schmale Landbrücke trennt die beiden Seen voneinander. Eingehüllt in den giftigen vulkanischen Dampf und zitternd unter der vulkanischen Kraft, welche sich hier so nahe der Erdoberfläche betätigt, erscheint diese von den kochenden Wassermassen der beiden Seen eingefaßte Brücke in der Tat wie eine Pforte in die Unterwelt. Nördlich von diesen Seen breiten sich schwefelreiche Sümpfe aus, jenseits derselben gähnt ein dunkler Abgrund, auf dessen Boden ein bös aussehender Schlammgeyser brodelt und zischt. *(R. Lendenfeld, um 1890)*

Sinterterrassen auf der neuseeländischen Nordinsel, einem vulkanischen Hochland mit zahlreichen Thermalquellen.

Ozeanien

Tonga-Inseln. Die auch Freundschaftsinseln genannte Inselgruppe der Südsee, südwestlich von Samoa, umfaßt über 150 kleine sowie 32 größere Inseln mit 27000 Einwohnern. Der Archipel zerfällt in zwei parallel nebeneinander laufende Reihen. Die Koralleninseln sind durch schmale Kanäle voneinander geschieden. Der Boden ist fruchtbar und hat reiche, ergiebige Pflanzenerde mit üppiger Vegetation; vier Arten von Palmen finden sich hier vor, darunter als wichtigste die Kokospalme. Die Tierwelt ist hinsichtlich der Säugetiere nur dürftig vertreten; bis zur Ankunft der Europäer gab es nur kleine Ratten, eine riesige Fledermausart und Schweine; ferner einige Landschlangen und Eidechsen. Zahlreich sind Fische und Vögel.
Die Tonganer gehören zu den schönsten und geistig am meisten veranlagten polynesischen Stämmen; sie sind groß und stark, von hellbrauner Hautfarbe, schwarzem lockigem Haar und dunklen lebhaften Augen. Sie bekennen sich jetzt zum Christentum (Wesleyaner), treiben vorzugsweise Landbau und sind Seefahrer. Der König, seit 1893 Georg II., residiert zu Nukualofa an der Nordküste von Tongatabu; ihm steht ein Rat von Notablen und gewählten Vertretern zur Seite. Für den Unterricht sorgen die Missionare durch treffliche Schulen, welche von etwa 5500 Kindern besucht werden; an höhern Bildungsanstalten bestehen eine Industrieschule und ein Seminar (Tubow College). Die Tonga-Inseln wurden zum Teil 1643 durch Abel Tasman entdeckt und 1775 und 1777 von Cook genauer erforscht und Friendly Islands genannt. Sie wurden erst 1845 von Georg I. (George Tubou) unter einer Regierung vereinigt. *(Brockhaus' Lexikon, 1898)*

Tonga ist ein Inselkönigreich im südlichen Pazifik. Hier tanzen Tonga-Mädchen vor ihrer Königin Tiné.

Die Inselgruppe, deren Zugänglichkeit durch die umgebenden Riffe erschwert wird, hat mehrere schöne Häfen. Das Klima ist angenehm und gesund; während der Regenzeit (Dezember bis Februar) treten oft verheerende Orkane auf. *(Meyers Konversations-Lexikon, 1897)*

Paradiesvögel. Zu der Familie aus der Ordnung der Sperlingsvögel gehören prachtvolle rabenähnliche Vögel mit mittellangem, geradem oder etwas gebogenem Schnabel, mittellangen, abgerundeten Flügeln, mittellangem Schwanz mit verlängerten drahtartigen Federn oder sehr langem, einfachem, stark abgestuftem Schwanz. Das Gefieder der Männchen ist durch großen Farbenglanz, oft durch Büschel lang zerschlissener Federn in der Weichengegend ausgezeichnet. *(Meyers Konversations-Lexikon, 1897)*

Melanesien: Der Rote Paradiesvogel (Paradisea rubra).

Kannibalismus. Der Genuß von Menschenfleisch durch Menschen (Kannibalen, Anthropophagen, Androphagen). Wenn auch Nahrungsmangel zum Kannibalismus führen und gelegentlich diesen zur Gewohnheit werden lassen kann, so sind die treibenden Motive doch im allgemeinen Rachsucht und Aberglaube. Die erstere stachelt zur völligen Vernichtung der Leiche des Feindes an, nach dem letztern gehen Stärke und Mut des Gefallenen auf den über, der sein Fleisch genießt. Ob die prähistorischen Menschen Kannibalen waren, wie aus den unter den Küchenabfällen gefundenen Menschenknochen geschlossen wird, ist nicht zu erweisen. Verbreitet ist der Kannibalismus noch in Australien und der Südsee, während er in Polynesien im Aussterben begriffen ist und in Mikronesien nicht mehr vorkommt. *(Brockhaus' Lexikon, 1898)*

Anthropophagen knabbern Menschenknochen auf den Neuen Hebriden. Vor 100 Jahren soll es auf Südseeinseln noch Menschenfresser gegeben haben. Aus einem Reisebericht, der um 1870 gedruckt wurde.

Inhalt